O Trombone Embaixo do Braço

Matias Capovilla

O Trombone Embaixo do Braço

1ª Edição

São Paulo – SP
2023

O Trombone Embaixo do Braço
© 2023 Matias Capovilla

Todos os direitos desta edição reservados os herdeiros do autor Matias Capovilla.
www.laranjaoriginal.com.br

Edição Filipe Moreau, Chico Guedes, Jorge Bastos e Elias Akl Jr.
Projeto gráfico, capa e diagramação Elias Akl Jr.
Fotos da capa Dimitri Lee
Revisão Julia Páteo e Bruna Lima
Produção executiva Bruna Lima
Produtora do projeto de captação Priscila Mello - Ipê Gestão de Projetos

---

Dados Internacionais de Catalogação na Publicação (CIP)
(Câmara Brasileira do Livro, SP, Brasil)

Capovilla, Matias
    O trombone embaixo do braço / Matias Capovilla; organização Xico Guedes, Jorge Bastos. -- São Paulo: Editora Laranja Original, 2023.

    ISBN 978-65-86042-89-4

    1. Contos brasileiros I. Guedes, Xico. II. Bastos, Jorge. III. Título.

23-181247   CDD-B869.3

Índices para catálogo sistemático:
1. Contos : Literatura brasileira   B869.3
Eliane de Freitas Leite - Bibliotecária - CRB 8/8415

Prefácio

Quando Matias descobriu que estava doente iniciou a escrita de um livro de memórias. A existência desse texto nos surpreendeu a todos, pois não sabíamos que nesses últimos tempos ele havia dedicado seu tempo para escrever um livro.

Nessa obra ele conta sua trajetória caleidoscópica na música... Inicia-se na adolescência, quando viu um trombone pela primeira vez. O relato transcorre elegantemente até chegar aos recentes questionamentos dos desafios que dizem respeito à sua maturidade estética e artística.

A narrativa é um precioso documento que nos leva muito além da experiencia pessoal de Matias, pois é um retrato da cultura paulista, desde a década de 80 até os primeiros anos do século XXI. É a visão sensível de um "operário da alma" que colocou seu talento à serviço da evolução da música brasileira. As memórias aqui reveladas são decorrentes do empenho profundo de Matias em registrar sua caminhada musical e de vida durante 40 anos, deixando expresso, o desejo ardente em pública- as.

Para isso reunimos os amigos, Dimitri Lee, Elias Akl, George Freire, Jorge Grispum, Chico Guedes e Guga Stroeter, e resolvemos publicar esse livro. Adotamos a estratégia do financiamento coletivo, e toda a arrecadação foi revertida para a viúva Dedé e o menino Téo, filho de Dedé e Matias.

A campanha foi um sucesso, e graças a colaboração de muitos amigos, conseguimos conclui-la.

Aqui está o resultado: "O Trombone Embaixo do Braço", que além de nos deixar sua música, eternizando sua arte, deixa também, suas palavras para nos lembrar e nos vermos um pouco na sua trajetória.

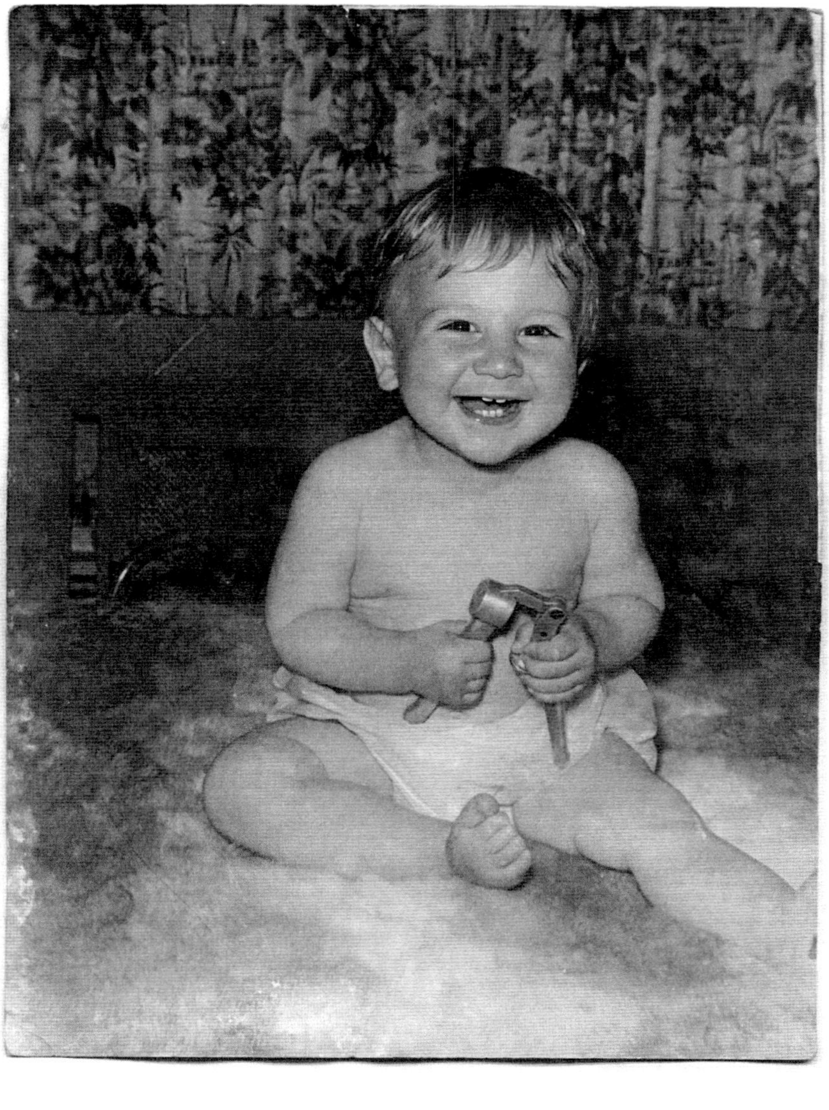

Bela Vista, São Paulo, 1980.

O jogo de futebol na rua Pio XII, carrinhos de rolimã, soltar balão, mesmo numa rua cheia de fios ou encher a pança de pizza no recém-inaugurado rodízio do grupo Sérgio, então uma novidade a 7 cruzeiros por cabeça, já haviam deixado de ser motivo para juntar os meninos da turma da rua Artur Prado que estavam em busca de outros interesses, em outros grupos fora dali. Com desejos e expectativas muito diferentes, naquela fase onde não se é mais criança nem adulto ainda. Mas a amizade entre alguns prosseguia, e naquela tarde Claudião jamais imaginaria que o caminho de um deles estaria sendo escrito para sempre pelas suas próprias mãos. Mãos leves, quero dizer. A quinta-feira era o dia mais aguardado da semana, pois era a gravação do Programa do Chacrinha no teatro Bandeirantes, na Brigadeiro Luís Antônio, a poucas quadras dali. Todo esforço para ir e ficar na plateia perto do palco era tentado, pois esse era o lugar nobre para conseguir acertar a bunda da chacrete mais próxima com clipes e elásticos. Para a sorte do rapaz, Claudião, que me via para cima e para baixo com o violino, eu não entendia nada de música quando tocou minha campainha e abriu a mala toda arrebentada de papelão preto para me oferecer aquele instrumento com as inscrições "Vivaldo Estado da Guanabara". Obtido provavelmente com o mesmo empenho e habilidade dedicados mais frequentemente aos toca-fitas de carro, seria meu pelo

preço módico de uma camiseta, o que parecia razoável.
— Tem que ser uma camiseta "da hora"!
Nada que 70 cruzeiros não comprassem.

O problema é que você não pode saber o valor de um instrumento que não se conhece. O refinado e singelo design daquele cornetão separado em duas partes, com uma boca grande de um lado e uma pequena do outro sem nenhum botão, válvula ou alavanca, poderia, sim, até custar 70 cruzeiros.

A imagem dele era bem recorrente, principalmente nas fotos de conjuntos musicais antigos e em capas de disco. Era aquele que uma mão segurava e a outra ia pra frente e pra trás. Poderia se chamar trombone. Sim, era um trombone. Do momento da compra até o bocal de durepoxi ficar pronto, foi apenas um dia. Ou melhor, duas horas da secagem completa da cola, para que o desconforto do cano de metal em contato direto com a boca acabasse e o da família e dos vizinhos começasse.

O som do instrumento começava a se revelar, a memória da corneta de ferro maciço da buzina de um Scania achada jogada na garagem da transportadora do meu avô em Valinhos me ajudou nas primeiras noções de embocadura. Mas neste novo equipamento, era muito mais natural assoprar. Dias depois, no entanto, como presente de um colega de trabalho da minha mãe, muito bem-vindo, recebi um bocal de verdade.

O entusiasmo pelo violino herdado do avô e pelo banjo estava com os dias contados.

Aquele LP do concerto de Mozart para violino e orquestra com a violinista prodígio de 14 anos Anne-Sophie Mutter à frente da Orquestra Filarmônica de Berlim, regida por Herbert von Karajan, da impecável coleção da *Deutsche Grammophon,* seria sempre uma pedra no sapato daquele jovem iniciado no violino tardiamente, aos 13 anos, impotente diante de tanta beleza e do virtuosismo daquela menina.

O banjo tenor de 4 cordas comprado pela mãe na Casa Del Vecchio, na rua Aurora, pelo menos poderia reproduzir ainda que mais devagar, bem devagar mesmo, a complexidade de arpejos e notas frenéticas das músicas do álbum *Dueling Banjos*, trilha sonora do filme *Deliverance*, em português *"Amargo Pesadelo"*. Mesmo assim, só foram possíveis de serem tiradas pela possibilidade das vitrolas mais antigas reduzirem a velocidade de 33 rpm para 16. Ouvindo tudo uma oitava abaixo e na metade do tempo, tirava nota por nota mais claramente. Depois subia-se uma oitava. E afinal não tinha concorrentes para esse instrumento. Nunca tinha visto alguém com um. Estava cheio de planos para ele. Mas isso também iria durar pouco. Por enquanto o cenário para aquele trombone começava a ser montado, e isso era o que importava agora.

As músicas do Chico, as mais ousadas e os seus sambas mais elegantes tinham lá a sua obrigatória presença:

*"O meu amor,
Tem um jeito manso que é só seu..."*

Logo na introdução, assim como "Feijoada Completa" e "Homenagem ao Malandro", todos gravados por Edson Maciel. Conferia faminto as informações das fichas técnicas enquanto ouvia. Aquele disco com a foto do piano embrulhado, o *Unknown Session* de Duke

Ellington, tinha os melhores temas interpretados por Laurence Brown e seu trombone. Finalmente Billie Holiday, em quase todas as faixas do LP *Lady in Satin*, os solos do J. J. Johnson e Urbie Green fechariam com chave de ouro as referências definitivas que despertaram a paixão pelo trombone.

Minha tia Marilena, uma brasileira que fora casada com o irmão mais velho de minha mãe, morava há anos com minhas quatro primas na Itália e, viúva há certo tempo, dava aulas de piano e tocava muito bem. Ela era a única musicista da família até então e seria uma preciosa referência e apoiadora em qualquer decisão minha no sentido da música. A Lia, minha irmã, colaborou diretamente para despertar o gosto pela música também. Ouvia diariamente todos os discos da Coleção da Música Popular Brasileira da Abril Cultural. Mais marcante é a lembrança remota das brincadeiras de infância dentro do Corcel do avô, a caminho de Santos, quando Lia fazia os primeiros exercícios intuitivos de Jazz pedindo pra eu fazer *"Tss, tss, tsstss, tss..."*, enquanto ela fazia uma melodia descendente com a sua pequena voz num esforçado grave *"Dum, dum dum, dum, dum..."*.

Nem imagino de onde tirou isso.

Agora, estava com o novo namorado. Mário Fittipaldi era um aficionado do melhor Jazz Rock. John McLaughlin, Frank Zappa, Billy Cobham e Chick Corea eram ouvidos bem alto nos seus equipamentos de som sempre modernos, incluindo seu novíssimo toca-fitas "chumbado no chassi" da Brasília 1980, por precaução. A onda de furtos desses aparelhos era frequente. A turma deles só ouvia música boa. O Heraldo, amigo deles do Colégio, no seu Volks 69 azul, quando dirigia sentado no banco do passageiro entortando a perna e o braço, dando a impressão para o motorista que vinha no carro de trás que o Volks não tinha condutor, ouvia *Electric Guitarist* do McLaughlin e Queen, muito Queen. Silvio Deutsch, também amigo em comum, possuía uma coleção de Jazz invejável herdada de seus pais, e certa vez esqueceu em casa, para minha sorte, *You Must Believe in Spring,* do Bill Evans, paixão à primeira vista e álbum inseparável até hoje. Mário foi quem me mostrou o LP de Raul de Souza, até então desconhecido pra mim de nome, mas conhecidíssimo pela sua música ao lado de George Duke, Sweet Lucy, abertura do "Comando da Madrugada" e nome do disco. Impressionante! Jamais relacionei aquela música a um trombone de vara. Era simplesmente bom demais, moderno e pulsante. Eu, até então, só conhecia Raul de Barros, o trombone de gafieira mais conhecido do Brasil. Tinha, junto com minha mãe, ido assistir a ele num show dentro das programações do Teatro Pixinguinha, o que era sempre imprescindível também. A partir daí o trombone foi definitivamente assumido. Um dia, porém, o carro do Mário estacionado em frente ao apartamento amanhece com as portas abertas e o toca-fitas, equipamento agora indispensável para difusão daquele novo horizonte musical, é roubado. Mas numa manhã daquelas, todos os carros da rua de cima a baixo amanheceram mais uma vez com camisinhas coloridas enchidas com ar e amarradas nas antenas, o que me levou a crer que os autores daquela instalação artística poderiam ser os mesmos da subtração repentina do toca-fitas. Claudião e Célio. Como eu já conhecia as digitais dos rapazes da turma, afinal eu estava ciente de que era receptador de um trombone afanado também, resolvi com toda a elegância perguntar. O toca-fitas foi recuperado, devolvido embrulhadinho com um pedido de desculpas, graças a um rápido esclarecimento de que o Mário, que meus amigos da rua conheciam e que já estava dormindo em casa com alguma regularidade, tinha trocado de carro sem avisar. Uma Brasília branca por uma cor de café com leite. É verdade. Como eles podiam saber?

Restava agora aprender a tocar. Mas isso não seria fácil como deveria.

Na Casa Manon encontrei o método João da Silva para trombone.

Consegui compreender a relação das notas com as posições da "vara" e, assim, seria mais fácil buscar a afinação. Foi um primeiro impulso esclarecedor para mais um instrumento que não tinha marcas de afinação definidas. O violino é sem marcas também.

Tubo de Ensaios

Os ensaios para a apresentação de final de ano das atividades de artes do professor de arte Gilson Pedro já estavam bem adiantados. As modinhas da coletânea de Mário de Andrade soariam perfeitamente bem com os instrumentos que alguns alunos tocavam: eu no violino, Ricardo no violoncelo, Paulo Miklos na flauta, Mario Caribé no baixo e Viviane cantando.

As apresentações de final de ano eram sempre muito aguardadas, preparadas durante o segundo semestre num clima de euforia quando várias salas se juntavam para ensaios e preparativos no magnífico e privilegiadíssimo teatro pertencente à parte do mosteiro que a nova escola, o Equipe, alugava dos Franciscanos na rua Martiniano de Carvalho, bem perto da antiga sede do IMEP onde fiz o primário. Esse era na rua Humaitá e havia mudado de nome em 1974 para EMEF Celso Leite Ribeiro Filho, homenagem ao jornalista morto no acidente da Varig em Orly em 1973, onde Filinto Muller, algoz de Olga Benário, e o cantor Agostinho dos Santos também morreram. Lembro de ver pela TV, vestido com o uniforme de escola, os esforços para apagarem o incêndio e pintarem a marca da empresa aérea da cauda. Uma comovente transmissão ao vivo. Mas o Equipe tinha teatro. Era para mim o lugar mais interessante e enigmático daquela escola. Eu tinha uma ligação qualquer com ele e parecia que já nos conhecíamos. Para outros era a quadra, a turma do vôlei, basquete e futebol de salão. Aliás, aquela quadra era também palco das sempre aguardadas apresentações dos artistas mais importantes do nosso cenário musical, trazidos pelo Serginho Groisman, que era o programador cultural da escola. Caetano Veloso, Luiz Gonzaga, Banda de Pífanos de Caruaru, Cartola e vários outros. A biblioteca também era um lugar privilegiado da escola, até porque o quarto andar dava de frente para a quadra e de fundos para um jardim interno do mosteiro caprichosamente bem-cuidado. Lá eu vi pela primeira vez um baseado, distraidamente escondido por um apressado sob as telhas que se alcançava com a mão pela sacadinha.

A mudança para essa escola realmente detonou uma explosão de novidades.

A fila do IMEP todos os dias às 7:00 da manhã, onde eu uniformizado com o braço direito no ombro do colega da frente cantava o hino nacional para uma foto de Emílio Garrastazu Médici, seria substituída pela campainha da chamada para as aulas às 13:20, de roupas comuns mesmo. O corredor de acesso às salas ficava em frente à dos professores, que tinha disposta na parede uma enorme gravura de uma foto preto e branco em alto-contraste da lateral do capacete de um piloto, esse em primeiro plano, num helicóptero sobrevoando a Apollo 11 no Cabo Canaveral. Pronto. O IMEP era escola pública, e no Equipe eu precisei de bolsa.

"Acaso são estes", modinha com versos de Tomás Antonio Gonzaga seria a última música, e foi nela mesma que encontrei uma brecha para experimentar tocar seis notas no trombone nos últimos compassos. Funcionou.

Uma Câmera na Mão e um Trombone Embaixo do Braço

O Mário Caribé estava um ano na frente do meu e era bem mais famoso entre as meninas da turma da minha irmã. Ela que me apresentou. Estudava baixo, e eu era fissurado por esse instrumento. Já o Atílio Marsiglia era do IMEP no 3º primário da minha classe, passou para o 4º, mas eu repeti o terceiro ano, e quando mudei de escola, ele continuou lá. Morava a uma quadra da escola. Mas se matriculou no Equipe logo depois e nos reencontramos. Ele estava um ano na frente junto com Mário Caribé. Ele havia mudado muito. Era um brincalhão, gente finíssima, mas agora estava sério e usava um "bico-fino", que estava na moda. Mas o Equipe não refletia exatamente o padrão do comportamento comum dos jovens da época. Era na verdade uma mistura confusa de Bela Vista com o Alto de Pinheiros. Tinha os antigos alunos do Santo Alberto e os que entraram em 1975 vindos de escolas da Zona Oeste rica, quando o prédio da Martiniano foi alugado saindo do castelo da Caio Prado onde hoje é o Parque Augusta. Lá, Atílio logo mudou os trajes. Excelente no violão, convidei ele e Mário para compor as músicas para um filminho de Super-8 que havia feito justamente com a turma da rua. Célio tinha saído da Febem e pensei em fazer um filme sobre os jovens que moravam nos cortiços e pensões vizinhas ao meu prédio, pobres e sem muita perspectiva. Filhos de funcionários da limpeza do Hospital São Paulo, porteiros dos prédios ou vigias vindos do interior do

Paraná ou Alagoas, moravam naquelas enormes casas dos anos 20 ou 30 que, provavelmente sublocadas, ainda resistiam à febre dos edifícios que começavam a povoar a Bela Vista. Aquela era minha turma da rua. Naquele período li em um jornal notícias sobre um filme que seria lançado de um argentino chamado Hector Babenco. "Pixote". Muita coincidência ou sincronicidade, como queira. O momento propício me encorajou e até tentei copiar a cena da fuga noturna sob as luzes da viatura, que se tornou a foto do cartaz. Caí do teto da Brasília do Mário Fittipaldi, mas a câmera Canon 814 nada sofreu. As tentativas de fazer "cinema" de ficção científica haviam fracassado. Os filmes "King Kong" e "Tubarão" me enfeitiçaram de tal maneira que consegui uma câmera Yashica Super-8 emprestada e passei a animar quadro a quadro as miniaturas de espuma. Porém, depois que Adriana, minha irmã mais nova, se rebelou e abandonou as "refilmagens" de "Guerra nas Estrelas", todo rodado em casa e que custara horas e horas de trabalho nas maquetes, figurinos, cenários, efeitos especiais, e algum dinheiro da minha avó Elvira, enfim desisti. Mas logo adiante a trilha original do John Williams do filme num LP álbum duplo iria despertar outro interesse.

Adriana nasceu com a audição comprometida, mas sempre se envolveu nos meus projetos com a câmera de Super-8, já a música seria um obstáculo.

Gravamos a trilha no apê do Caribé na rua Nilo, no Revox do pai dele, com Juba, um amigo de Mário, na flauta, Atílio nas belas composições e violão, Mário no baixo e eu na percussão. Ficou ótimo. Atílio estava inspirado.

O Mário aprendia música por um sistema que

aqui estava começando a surgir. Ele fazia aulas de baixo elétrico no CLAM (Centro Livre de Aprendizado Musical) com Luiz Chaves, baixista do Zimbo Trio. Uma escola que estava se destacando pela qualidade no ensino da música popular numa linguagem que já se tornara conhecida nos EUA e muito ansiada aqui pelos estudantes de música. Jazz, Bossa Nova e Samba eram a matéria-prima da didática daquele grupo de músicos/professores tendo o Zimbo Trio à frente do projeto. Ele e o Marco Mattoli, estudante também do Equipe e guitarrista, me chamaram para ir a um ensaio de um som que estavam fazendo. Arrisquei levar o trombone em sua caixa de madeira que eu havia feito. Então fui conhecer Caio Mamberti, baterista, o Marcelo Maita no piano e o Breno na guitarra. Não demorou para me chamarem para os ensaios na casa do Maita na rua Santo Antônio, ao lado do Café Brasil, em frente à República do Samba. À esquerda era o Café Society onde tocava um sobrinho do Pixinguinha todas as noites, e à direita mais adiante, o Boca da Noite, o templo do Filó Machado. Estávamos com 16 anos, e eu tinha plena consciência do meu atraso, da distância em que me encontrava. Os rapazes sabiam tocar, ler cifras, tinham repertório. Caio ainda com 14 anos já tocava muito bem samba e jazz, Maita tinha o songbook do Jobim importado como livro de cabeceira, conhecia todas do Tom. Seu irmão Amado Maita já tinha uma carreira profissional como batera do pianista Guilherme Vergueiro e tinha ainda gravado um disco seu. Era impressionante a maturidade deles, a integração, a cultura musical. Eu sentia que era isso que eu queria fazer e ainda por cima sabia que havia um espaço para um trombone, bem tocado evidentemente. Mas tudo se encaixava, a música brasileira, o jazz, os caras bons, falava-se a mesma língua, e eu iria insistir em tentar ao menos alcançá-los. Eles estavam tocando *Maiden Voyage*, de Herbie Hancock, e logo vi que estava tudo ali! Poucos acordes, mas "os" acordes. Uma sucessão de acordes com quartas, que dão uma tonalidade indefinida, suspensa, que não resolve. Poucas notas, mas "aquelas" notas, e o diálogo entre o baixo e a batera era impressionante. Foi minha primeira melodia ensaiada.

Do lado da Lia, o amigo Silvio tinha um irmão músico, Rui Deutsche, baixista. Ele estava preparando-se para se apresentar com um grupo musical de uma pianista, cantora e compositora chamada Consiglia Latorre, na mostra Virada Paulista, do Lira Paulistana, na Vila Madalena. Estavam justamente atrás de um violinista, e fui indicado para participar. Não conhecia nenhum deles. Mesmo com três anos de aulas particulares de violino com o professor Osvaldo Nicodemo, não me sentia seguro tocando. Era um instrumento difícil e não que eu estudasse pra valer, porém fui convencido de que seria legal me apresentar com o grupo. Era composto por uma flauta, uma gaita cromática, percussão, piano e baixo acústico. Um repertório fino de composições da Consiglia, em que uma das músicas, um choro, imediatamente despertou a minha vontade de tirar o trombone do armário literalmente. Era onde eu pendurava quando não usava. Ué, por que não?

Batismo na Meca Paulistana

Eu só teria que decorar todas as notas da melodia, intuindo uma técnica ainda desconhecida, mas, com a ajuda do meu ouvido, me atrevi. Eu tirava melodias muito facilmente. Aquele tema era complexo, mas sempre dentro de uma estrutura formal de um choro. Pelo choro eu realmente tinha alguma intimidade, pois quando passei meses na casa dos meus avós em Campinas, no meu tratamento de reumatismo infeccioso, ouvia incansavelmente o disco do Pixinguinha, da coleção Música Popular Brasileira da Editora Abril. Mais tarde, devorávamos, eu e minha irmã, o disco *"Memórias Chorando"* de Paulinho da Viola, com a ilustração na capa do Elifas Andreato. Julgávamos o disco pela capa. Os bons discos brasileiros da época apresentavam suas ilustrações, podem acreditar.

Aceito o meu pedido, tirei a música e dali até o palco foram poucos dias para o que seria a minha primeira apresentação. Era julho de 1981. Vários grupos se apresentariam, e o Lira foi o centro de um movimento incrível de novos artistas, de uma nova música paulista. Arrigo Barnabé, Itamar Assumpção, Banda Metalurgia, Grupo Rumo e Premeditando o Breque, só para citar alguns, despertavam os olhares e os ouvidos de São Paulo para uma nova música no cenário nacional e para artistas que tinham na bagagem como referência o melhor da música popular brasileira das últimas décadas. Era o que ouvíamos. Essa "nova" música teria uma responsabilidade enorme, já que o nível daquilo que se fazia e do que se havia feito até então era muito alto. Aliás, chegávamos ao começo dos anos 80 com enorme expectativa trazida por aquela arrebatadora erupção musical dos anos 70, em que, além da criatividade exuberante, o desenvolvimento das tecnologias de gravações analógicas havia chegado ao máximo. A evolução da televisão ampliou seu acesso a um público cada vez maior e, mesmo como entretenimento de nível muito discutível, a televisão como veículo de difusão de tudo que acontecia em termos de música no Brasil foi fundamental. Excelentes novelas que juntavam grandes autores, diretores e atores com os maiores nomes da música em suas trilhas, seriados americanos e desenhos animados que traziam em suas aberturas diárias trilhas inesquecíveis, programas de entrevistas com artistas, transmissões ao vivo com qualidade, festivais de música e programas de auditório colocavam o melhor e o pior da produção musical no mesmo veículo. E isso era bom. Estimulante.

 Eu, todos os dias antes de ir para escola às 7 horas da manhã, ligava a televisão e ficava esperando o café ouvindo as músicas do momento, sob uma imagem estática de uma tabela de conferência de cor e foco da emissora. Enquanto isso no cinema, como sempre, enlatados traziam a tiracolo trilhas sonoras que se imortalizaram, inclusive lançando moda, a *Disco Music* era um exemplo disso. A modernização das rádios FM repercutia aquilo tudo em alta qualidade.

 Mas eu ouvi muito as rádios AM que Teresa e Sebastiana, as irmãs que trabalhavam em casa enquanto minha mãe trabalhava fora, ouviam, e aprendi todos os sambas do momento de Martinho da Vila, Luiz Ayrão e

Originais do Samba. Nesse espectro de coisas, tinha de tudo, mas muita música brasileira, e mesmo assim havia um forte movimento dos músicos contra o excesso de música americana na programação. O mais importante, talvez, foi que as restrições impostas pela ditadura, como a censura e a perseguição aos artistas entre outros grupos, produziram certa revolução estética quando a necessidade de burlar esse controle se transformava em um novo ingrediente para criar e gravar. Sem dúvida isso produziu e fortaleceu uma identidade artística que solidificou a força da qualidade da nossa música para o mundo.

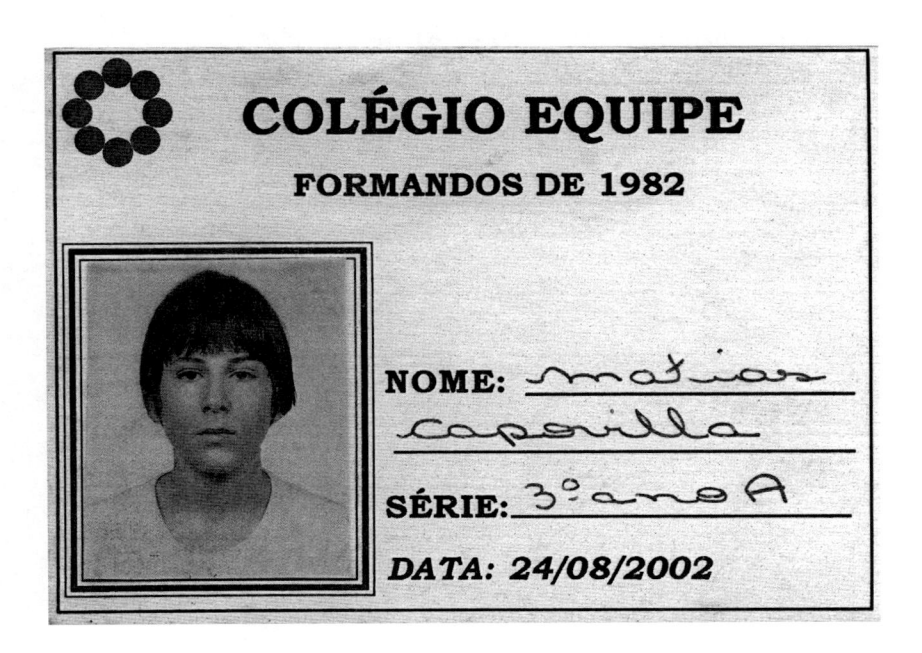

COLÉGIO EQUIPE

FORMANDOS DE 1982

NOME: matias caporilla

SÉRIE: 3º ano A

DATA: 24/08/2002

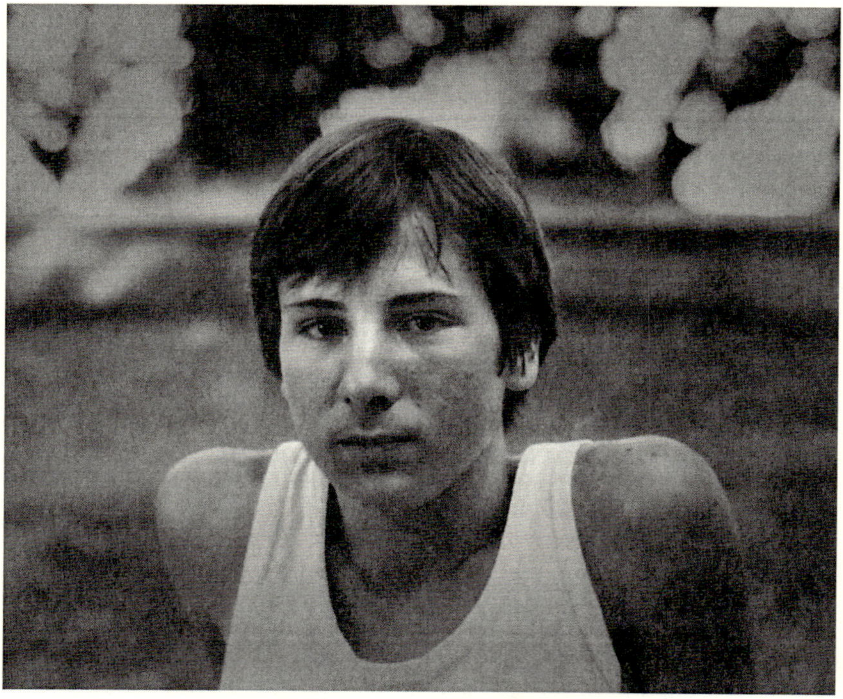

Lira Paulistana

Tudo certo durante a apresentação do Lira, tinha sido dada a largada. Acho que cumpri a minha parte na apresentação apesar do nervosismo de uma verdadeira estreia. Fora o festival, o Lira Paulistana era o lugar onde toda essa turma nova se apresentava regularmente. Mas a maioria estava tocando no Virada.

Aluízio, do grupo da Consiglia, ótimo gaitista de cromática e improvisador, insistiu para eu participar como violinista em um grupo de *country* que ele tocava onde tinha um banjoísta, o cara que toca banjo. Isso sim me chamou a atenção. Eu pirei com a possibilidade de ver de perto aquele instrumento que para mim, até então, era um completo mistério. Não era como um instrumento de corda qualquer, não podia ser uma só palheta e quatro cordas, e finalmente esse enigma seria solucionado. Quando cheguei ao ensaio no Parque Continental, longe pra burro, Paulinho abre uma linda mala de couro grande marrom e tira dela um banjo enorme com dois andares, caixa de ressonância, parecia um bolo de noiva, com um acabamento digno de instrumentos de *pop stars* e um delalhe que faria toda a diferença: tinha cinco cordas, e uma delas, a mais aguda, com a sua cravelha no meio do braço. Fudeu. Joguei a toalha mesmo, quando além de tudo isso ele "calçou" três palhetas nos dedos da mão direita, polegar, indicador, médio e tocou aquelas que eu conhecia tão bem muito mais rápido que as originais. Fiz a conta: $3 \times 5 = 15$ contra 4×1... Fim de papo, fim de banjo.

O Renato, colega de trabalho da revista Visão e amigo da família, fotografou a apresentação no Lira. Mineiro de Varginha, só ouvia coisas boas e durante as viagens com a gente para Bertioga, ouvia muito Dorival Caymmi e Milton Nascimento. Grande patrocinador e produtor dos filminhos de Super-8 que eu fazia, resolveu transferir para mim sua recém-adquirida coleção de LPs, os Gigantes do Jazz, que estava comprando semanalmente pela banca de jornal, com toda a história de grandes músicos de Jazz. A verdadeira revelação começava ali.

Meus pais haviam feito universidade, e a nossa casa era repleta de livros. Eles faziam parte de uma geração que lia muito e frequentava bibliotecas na juventude, mas as bancas de jornal me abasteceram das coleções mais espetaculares de brinquedos, livros e discos durante minha infância e juventude. Depois cigarros.

Também colega da minha mãe na revista, Nelson Cunha recebia os discos de todas as gravadoras para escrever resenhas sobre os novos lançamentos. Os discos que ele não gostava vinham parar nas minhas mãos. Duke Ellington, comecei a ouvir assim, Jean-Luc Ponty, Jimmy Smith, e o disco "Chopin Que Eu Amo" com Arthur Rubinstein, que eu já assobiava. E foi o mesmo Renato, o da coleção, que neste ano me levou para assistir ao Jean-Luc Ponty no Anhembi. Um show verdadeiramente profissional, qualidade de equipamentos, qualidade da música e qualidade dos músicos.

Ele era um virtuoso, tinha tocado ou tocava com todos os grandes que eu já estava começando a ouvir. Era para ser um estímulo a um pretenso violinista, uma segunda chance depois do desastre da prodígio alemã Anne-Sophie e a filarmônica de Berlim, mas o tiro mais uma vez saiu pela culatra. Técnica absurda, um vigor nas improvisações, uma banda incrível com o superbatera, Rayford Griffin, um superbaixista, Randy Jackson, e Joaquin Lievano na guitarra/violão, excelente, davam um panorama do que devia ser o trabalho com música realmente. O violino era difícil mesmo e o negócio era sério. Fiquei com mais medo do que interesse pelo violino.

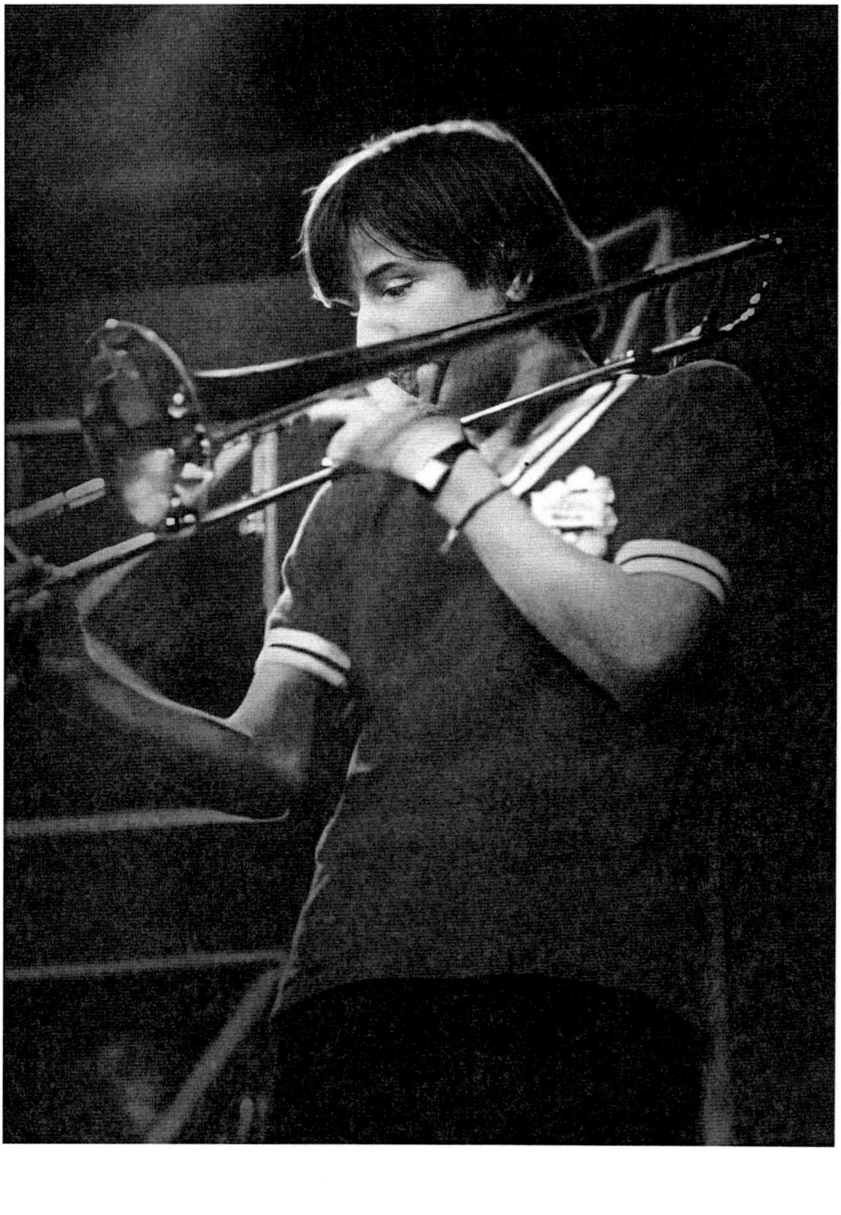

Estuda Mal e Não Passa no Vestibular

Com a turma do Equipe, a ideia de estudar música foi amadurecendo. Mário Caribé e Atílio iam prestar vestibular na Unicamp para Música no próximo ano, 82. Sérgio, que estava tocando flauta, e eu tentaríamos o Conservatório Municipal de Música de São Paulo.

Entro no Conservatório Municipal e tenho aulas com o professor Gilberto Gagliardi, simplesmente o melhor professor que alguém poderia ter. Ele era muito exigente e se interessou em me ensinar, pois não tinha mais vaga, me encaixando no horário de um aluno adiantado. Mas eu estupidamente perdi uma aula e fui deixado de lado. Na época não me incomodei. Nem consigo entender a brevidade daquele período. Um desbunde precipitado qualquer. Era um conservatório tradicional, rígido, o professor de teoria era um músico italiano conceituado bem severo e bravo, e eu já estava rompido com esse tom autoritário que misturava Segunda Guerra e ditadura. Era coisa do passado. Chega. Mas não era pra tanto. Muito inexperiente, em pouco tempo percebi a bobagem que tinha feito. E por coincidência tinha uma menina na minha escola, Adriana, que namorava o Roni Stella, trombonista da banda do Arrigo Barnabé, aluno do Gagliardi, e tocava muito! Ela nos apresentou. Ele justamente era a prova da importância de uma boa formação. Seu som era incrível, e quando o conheci pessoalmente fiquei surpreso com sua opinião sobre Raul de Souza, pois a divisão entre o ambiente popular e o erudito era grande, não faltando críticas ao jeito popular de tocar que sempre pecava pela falta de técnica, sonoridade e afinação deixando a desejar, onde o músico seria inferior. Para Roni, Raul era o melhor, e ainda mandava recado aos críticos:

— Vai tocar igual a ele!

No fundo estava tocando no brio de todos, afinal quem não queria tocar como ele e ainda ser um *pop star* tocando trombone?

Neste último ano da escola, fomos chamados para montar um grupo e representar o Equipe num programa da TV Cultura chamado "Vestibular da Canção", em que os alunos iriam montar uma banda e tocar músicas originais, com arranjos próprios para as tarefas pedidas pelo programa. A base dessa banda estava praticamente pronta. Mário e Rubens Caribé, Caio, Sergião, Marcelo Rosa, Juan nas letras, Viviane, eu, Amauri, Miriam e Constânça. Seriam algumas semanas gravadas no Teatro Franco Zampari, numa competição na qual restaria a melhor escola. Cada escola tinha um patrono, o nosso era João Bosco. A lista de artistas era baseada na coleção Música Popular Brasileira, justamente. Passamos por todas as etapas, a intimidade musical entre nós avançou muito e tiramos muitos elogios dos jurados, Maestro Carlos Castilho, Maestro Alberto Jaffé, Caetano Zama e Palhinha. Mas perdemos para o tradicional e conveniente Santa Cruz, que para a TV estatal representaria melhor a atmosfera daquele momento ainda sob apenas uma vaga promessa de democracia. Isso se confirmou anos depois, trabalhando com um dos jurados, Palhinha me confessou que o Equipe, notadamente de esquerda, não poderia ser o vencedor. Aliás, Palhinha havia sido músico do

Agostinho dos Santos e não morreu em Paris, pois com pouco orçamento, só viajaram Agostinho e seu maestro.

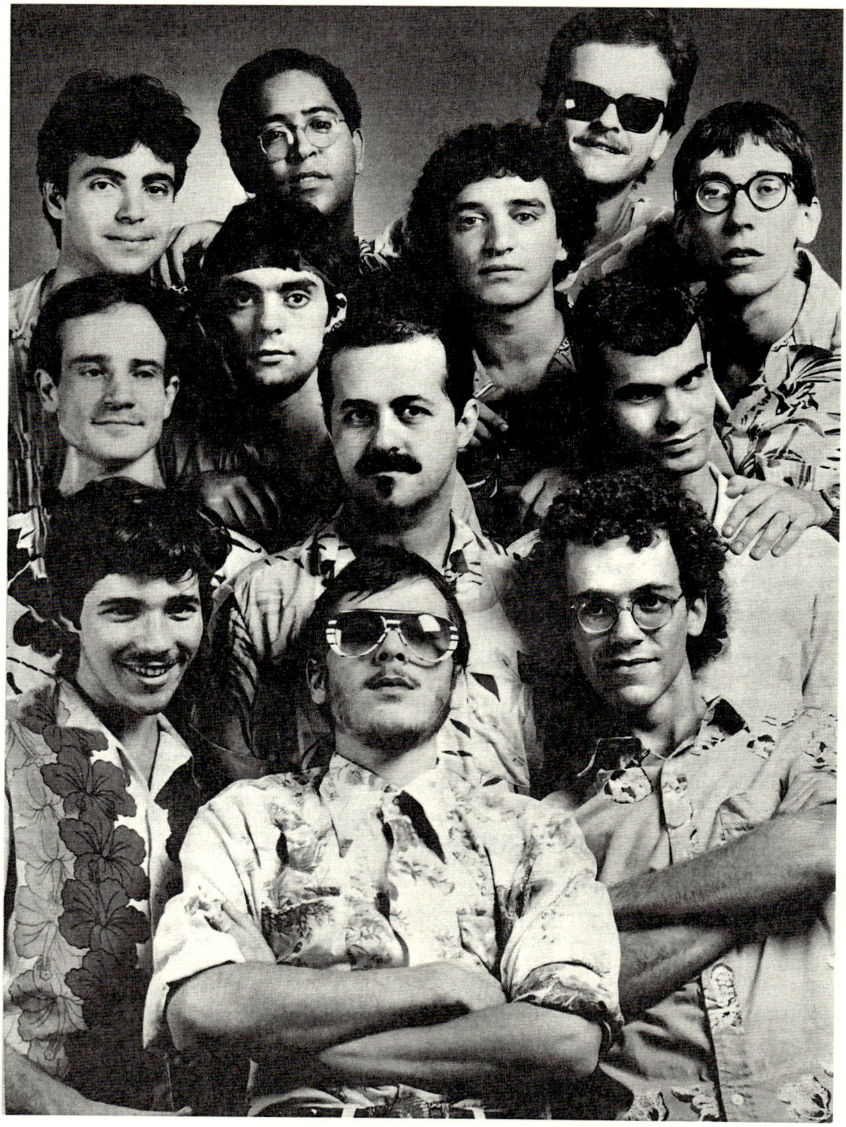

O Caminho do Bixiga

Com regozijo pela quase vitória naquele ano no "Vestibular da Canção", que assim nos transformou, podemos dizer, nos músicos da escola. Eu que era supertímido já fazia parte de uma turma mais aberta, gente de outras séries, com papos diferentes, e numa dessas reuniões na casa da Aline, tive meu primeiro contato com Stéphane Grappelli, violinista de jazz das antigas.

Duke Ellington's Jazz Violin Session era lindo, com Grappelli e Svend Asmussen aos violinos, Ray Nance (trompetista da banda de Duke) na viola de arco e Duke, no piano.

A faixa de "In a Sentimental Mood" era maravilhosa, e essa música entrou rápido para meu repertório. Só que no trombone. Os glissandos do violino seriam importados para a vara. Esse jeito de tocar o violino me interessava, mas o trombone agora estava à frente. O repertório era importante para as canjas. Em plena véspera de Natal, as notas de "Bonita", do Tom Jobim, eram passadas do piano para o trombone, uma por uma, com todas aquelas nuances, eu memorizando os pedaços da melodia que vai e vem, mas o Maita ali firme, como um paciente budista descendente de sírios do Bixiga, um reduto de italianos. O trombone era um instrumento que Tom sempre utilizou em suas músicas desde a introdução em "Chega de Saudade".

O Bixiga continuava o ponto de encontro, agora

tocávamos no Persona em um dia da semana, Maita, Caio, Ivan, Carminha cantava. Eu também ia em outros dias para dar canja. O Sincro Jazz tocava lá também, e era muito bom ver Roni na batera, Lilu no Fender Rhodes, Nestico solando no tenor, às vezes o Vidal no alto e o Pete com seu baixo acústico, que era uma imagem muito emblemática do músico de jazz, quase um logotipo. Ele me recebia superbem, insistia para eu dar canja. Dizia que eu era o *fretless* do sopro, isto é, instrumento que não tem "trastes" separando uma nota da outra. Eram feras, e eu, com uma meia cerveja na cabeça, me arriscava. Fumava-se também muito cigarro dentro desses bares/cafés, e as construções ainda dos anos 20, do século 20, é claro, escondiam sempre um banheirinho onde os músicos, ou quem quisesse, podiam se calibrar com os "não legais". É claro que naquela atmosfera envolvente a vontade de ficar além da normalidade sensorial era um convite, e, como não seria diferente, eu estava disponível também pra isso, por que não? Agora eu estava absolutamente fazendo parte daquele cenário.

    O fato é que era bom mesmo! A sensação da música, o palco pedia isso. Combinava muito bem.

    Era muita informação nova ao mesmo tempo, e alertava um grande amigo "há que tomar muito cuidado com o canto da sereia".

    O Grupo Kali, só de mulheres, também tocava regularmente. Vera Figueiredo, uma superbatera, Gê no baixo, filha do maestro Edmundo Vilani-Côrtes, Renata na guitarra e Mariô Rebouças no piano. Tenho a sensação que a Nebel, lá do italiano, chegou a tocar também. Todas jazzistas mesmo.

Muitos músicos frequentavam o Persona para ouvir e dar uma canja.

Por falar em "canja", tinha o Sanja.

Antigo Chez Bernard, depois Saint Germain. Era o reduto dos feras mesmo. Era onde Hermeto vinha depois dos shows, Arismar do Espírito Santo, Teco Cardoso tocava e fazia as vezes de chefe; mas ainda Gil, Proveta e Cacá Malaquias, que eu conheceria mais tarde, tocavam com percussionistas *bebop* em samba bem rápido, enfim, puta som garantido. Naquele lugar, eu preferia ser espectador.

O maestro Cyro Pereira dava um curso de arranjos no CLAM, e me indicaram para "ler" as partes do trombone ao lado de outros sopros, escritas pelos alunos e regidas pelo próprio. Eram os *standards* típicos do repertório de jazz, obrigatório para os solistas e improvisadores. Com todas as dificuldades, fui até útil para o curso que me retribuiu com umas aulas do João Godoy, tio do Amilton, e no fim daquele ano fui convidado para tocar um duo. Eu no trombone e Amilton no piano de cauda no palco do Masp. Ele ainda deixou a música sob minha escolha. Sugeri então um samba em 7/8 (7 por 8) de Cláudio Guimarães chamado "Paraty". Acho que ele ficou surpreso com a escolha.

Pedi para o Maita cifrar, e, melodia decorada, tocamos ainda com direito a um improviso meu. Não tenho nenhum registro disso, apenas a lembrança carinhosa deste privilégio, sem dúvida.

Os ensaios na casa do Maita eram regulares e resultaram num grupo batizado de Bereguebanda, com apresentação marcada no Lira Paulistana. Já era um grupo maior e só com amigos. Além de nós, Maita,

Caribé, Caio e eu, Lia na clarineta e Mario, o namorado, no sax soprano, Sérgião na flauta, Pascale no sax tenor, Peixe na percussão e até Bernardo Kelly no clarone e sax barítono. Kelly era amigo do pai do Caribé, e Alberto, além de engenheiro, era um superpianista autodidata. O show foi mais uma confraternização entre amigos do que ponto de partida para qualquer pretensão do grupo seguir em frente, embora fosse esse o desejo.

Os frutos da apresentação no Virada Paulista começaram a pipocar, primeiro Cleston Teixeira, que estava lançando seu primeiro LP, me convidou para fazer os shows com as músicas que, quem diria, haviam sido gravadas pelo Bocato e a Metaleira da Metalurgia.

Eu seguia de ônibus lotado, sábado na hora de almoço, para Santo Amaro ensaiar com violino e trombone debaixo do braço. Bocato namorava a Patrícia Escobar, irmã da Rutinha e da Inês Escobar, minhas colegas de classe no Equipe, todas filhas da atriz Ruth Escobar. Mas eu só via o Bocato de longe, tocando. Me tornei fã da banda. Alguns deles haviam tocado com a Elis, em 1980, no show "Saudades do Brasil", que fez uma longa temporada no Rio de Janeiro; eram jovens escolhidos a dedo no Conservatório de São Caetano pelo próprio César Camargo Mariano. Tirei os "riffs" ou seja, as frases dos sopros do disco, e mesmo com todas as minhas limitações funcionou. Mas não era confortável pra mim. A questão é que eu tocava violino e trombone, e isso era difícil de se encontrar. Cleston tinha de iniciar sua *via crucis* de lançamento e não teria o apoio de ninguém, pois era um LP independente. Vendeu coisas suas, juntou recursos e comprou uma Kombi velha, colocou equipamento de som, bateria, sanfona, baixo, trombone, violino, violão e cinco músicos, sentou no volante e partimos para o sul do Paraná, numa viagem interminável, para nossa excursão de duas apresentações. Batizamos as cidades de "Todas as Moscas do Mundo" e "Nunca Chega". A estreia em turnês para mim acabava de começar.

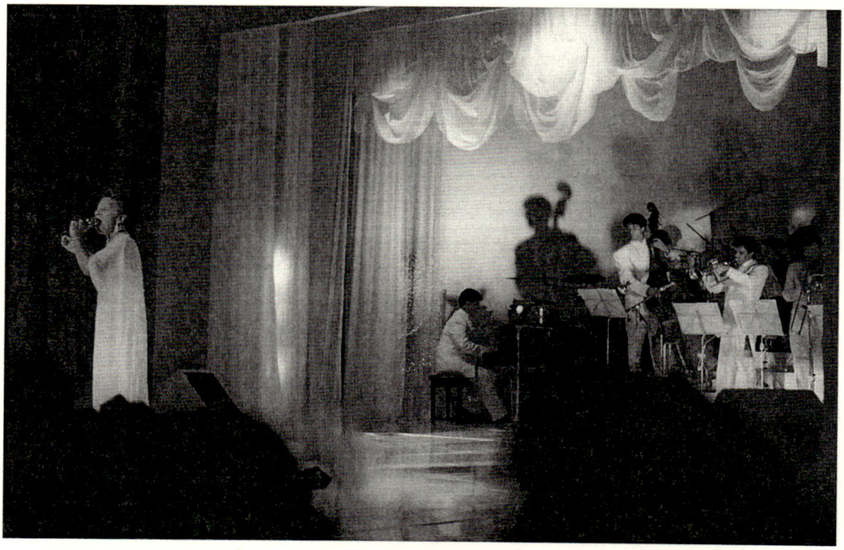

O Cenário Instrumental

O artista independente surge como uma reação ao monopólio das gravadoras aos meios de produção dos fonogramas bem como sua divulgação e difusão. Gravar um LP era caríssimo, muito diferente de hoje. Eram poucos estúdios com equipamentos complexos, caros e pesados. Tocar no rádio tinha custos que só as gravadoras podiam bancar e podiam ser mais altos que o próprio disco. A menos que um grande artista gravasse uma música sua. A caminhada do artista que se autoproduzia seria difícil, mas teria que começar.

Logo o Xantilee, baixista do Grupo Madeira de Lei, que também tocou no festival, me chamou também para tocar na banda do Italiano. Chamado Filipo, um italiano que morava no Tatuapé, dono de um edifício só dele, tinha um grupo para eventos em festas da comunidade italiana. Era um repertório extenso de músicas brasileiras e italianas escritas pelo trompetista e arranjador Luiz Macedo. Lá conheci o Sabiá, o George Freire, a Nebel e a Tereza nos saxofones e flautas e Luiz Macedo no trompete. E eu no trombone, Xantilee no baixo, bateria, piano ou guitarra.

Difícil o repertório, eu era péssimo de leitura e limitadíssimo no instrumento para coisas que exigiam linguagem de naipe e velocidade. Fiquei um tempo. Mas atendendo a um chamado para ser projetista do Carbono 14 na rua Treze de Maio, uma nova casa noturna de eventos audiovisuais me interessou, eu tinha familiaridade com câmera e projetor de Super-8, poderia ser um primeiro trabalho mesmo, sei lá, não estava reconhecendo na música uma profissão, tocar era uma curtição.

Então topei o trabalho e liguei para o Luiz agradecendo o convite, mas aquilo não era pra mim. A exigência para tocar estava ficando muito profissional, e as expectativas iriam exigir mais dedicação da minha parte, enfim, ou uma coisa ou outra: dar um salto muito grande em um curto espaço de tempo, ou fingir que tocava e não me importar. O Luiz insistiu muito para que eu ficasse, não tinham trombonistas no pedaço, não seria fácil encontrar alguém assim no circuito da Vila Madalena, de onde era a maioria dos músicos da banda e onde se formavam os grupos. Então fiquei mais um tempo. Aí, o Xantilee me chamou para tocar com Renato Consorte no grupo Barraco 37. Lá, tinham os músicos da turma do Grupo Livre de Percussão, Guelo, Beto na bateria, Sabiá também tocava e Cesinha no sax, eu no trombone, Dani Allan na flauta, Xantilee no baixo, Júlio no acordeom/piano e Renatão, band leader, nas composições e guitarra. Era um instrumental profissional, melodias ricas, harmonia e ritmos bem variados, enfim dificílimo de tocar. Renato já era muito bom. Existia um circuito muito rico para a música instrumental, espaços muito importantes, teatros, museus, centros culturais e programas de televisão como a Fábrica do Som da TV Cultura e bandas. Fazíamos tudo. Era um instrumental de respeito. Essa turma acompanhava a produção de nível internacional dos grandes nomes da música instrumental brasileira como Hermeto Pascoal, Egberto Gismonti, Naná Vasconcelos, Airto Moreira. Muitos LPs importados a que se tinha acesso naquela época eram trazidos por alguém do exterior, quando não saíam aqui, e copiados em fita cassete que circulava pelos músicos. Foi assim com a fita de Edson Machado Quinteto, *Urbie Green's Big Beautiful Band,,* e o trombonista de música erudita Michel Bequet. As fitas apareciam e ouvia-se até gastar.

Pra mim era uma luta acompanhar a performance do Barraco 37 e eu não entendia muito bem a paciência de todos comigo já que flagrantemente demonstrava muita dificuldade em tocar. Acertava em algumas coisas, mas nunca tocava completamente o que estava escrito. O ouvido ajudava muito. Eu tirava muitas melodias dos discos ou cassetes, tanto no violino, quanto no banjo ou no trombone. Os discos de John Coltrane, Miles Davis e Bill Evans deixavam minha audição aguçada, tentando entender a mecânica de cada frase em cima da harmonia e ritmo, uma sensação, ainda que prematura, de que existiam códigos que se repetiam. Bill Evans me hipnotizou. Eu me tornei colecionador dos seus álbuns, decorei o *You Must Believe in Spring* e detonei uma garrafa de *cognac*, coisa típica de adolescente, depois de um fora da namorada. Combinação perfeita entre fossa, bebida e jazz. Que sensação estranha, era muito sofisticado, fora do alcance e ao mesmo tempo simples, piano, baixo, bateria sutil. O curioso é que as coisas que mais me interessavam não tinham necessariamente trombone. Ele estaria em outro lugar.

O George Freire, saxofonista da orquestra do Italiano do Tatuapé, tinha um circuito de bandas em que tocava e me chamou para participar na Banda Urbana, liderada pelo Caixote no piano, Urupês no sax tenor, Celsinho no baixo, Nahami na batera e Gersinho no sax alto. Em um momento entrou na banda Chico Guedes que tinha estudado também no Equipe, era amigo de classe da minha irmã. Também tinha estudado no IMEP, veja só. Essa banda era um instrumental bem arrojado com composições, arranjos próprios e muito elaborados; e Caixote, que era filho do Aluizio Pontes também arranjador, sabia como ninguém harmonizar, criar *riffs*, preencher a música de acontecimentos incessantes. Aos tropeços, ia decifrando as minhas partes e colecionando minhas dificuldades que, jurava, mais adiante eu iria resolver. Com esse grupo, toquei meu primeiro carnaval. Experiência traumática em que a inauguração de um ginásio de esportes em Taboão da Serra ainda em obras foi palco durante cinco dias dos sapateados das centenas de foliões com seus pés sujos de barro, transformando em uma poeira fina a lama trazida da entrada e deixando os músicos de sopro uma semana com complicações respiratórias.

As bandas e os músicos se entrelaçavam e formavam uma grande turma que transitava no cenário musical daquele momento, e o Lira era um ponto importante desses encontros musicais. Foi palco também de um encontro político. Sempre unânimes em acabar definitivamente com a presença nefasta da Ordem dos Músicos do Brasil que tinha na sua presidência um interventor da ditadura, colocado estrategicamente ainda em 68. Como presidente da Ordem e presidente do sindicato, algo descaradamente conflitante, exercia interferência em todas as estruturas do trabalho profissional dos músicos, fiscalizando, cobrando taxas, carteirinhas, decidindo quem era músico ou não era, finalmente controlando esse mercado de atividades que impulsiona uma indústria rica do entretenimento e da cultura, ainda mais numa cidade como São Paulo. Fui convocado. Essa reunião no Lira Paulistana era composta de muitos músicos que eu conhecia e outros tantos, liderada por Amilson Godoy, pianista do grupo Medusa, irmão do Amilton do Zimbo Trio. A ideia era fundar a UBM, União Brasileira dos Músicos. Mas esse setor é frágil e de difícil consenso. Não foi pra frente mas refletiu, por algum tempo, aquele instante em que a politização parecia parte da compreensão do papel da cultura.

A banda do italiano se desfez mas os músicos sempre se encontravam nos shows. O George me indica então para Laércio de Freitas, que está montando uma big band com suas músicas e arranjos. Uma big band tem geralmente quatro trombones, quatro trompetes, cinco saxofones, guitarra, baixo, batera e piano. Ufa! Dificílimo repertório, eu sem muitos progressos e ainda sem professor, "tapando" furos da falta de trombonistas e de repente todos querem trombone em suas bandas. Laércio, uma personalidade incrível, um gentleman, me deixou aos cuidados do Pantera, trombonista da Orquestra Municipal, veterano e com uma sonoridade belíssima, e Pinheiro, um jovem que precisava vender seu recém-comprado trombone no Mappin a prestações que não podia mais pagar. Pantera como fiador logo me passa o Yamaha banho de prata, e o Old's é passado como forma de pagamento. O Vivaldo já tinha sido substituído há algum tempo. Todos eram profissionais ali. Os ensaios estavam sendo feitos para uma apresentação no 150 do Maksoud Plaza, o clube de Jazz do Hotel com mesmo nome e dono da revista que minha mãe trabalhava. Toshiko Akiyoshi, jazzista nipo-americana, iria se apresentar lá durante essa semana com o marido, o saxofonista Lew Tabackin, que apareceu em um dos ensaios levando um calhamaço de partituras da sua composição chamada "Warning", que chegamos a dar umas passadas. Aquilo tudo era coisa de muita responsabilidade, eram todos feras. Era tudo muito difícil pra mim. E para os outros também, mas eles sabiam tocar, e eu ...

Alguns ensaios eram no Café Brasil, onde conheci o Hamilton Moreno, voz e violão, que por algumas vezes, me vendo com o trombone ali pelo Bixiga, me convidou para dar canja. Cantava e tocava muito bem, e o repertório era a classe A da MPB. Ficamos amigos. As canjas eram mais descontraídas, pois eu fazia o que queria e sabia, funcionando como um treinamento para a improvisação, que era a parte mais gostosa de tocar. Aí, eu acertava tudo. Claro, eu que inventava.

A apresentação do Laércio no 150 funcionou, e eu ainda fui surpreendido por um solo de improviso que o "Tio", como era carinhosamente chamado, me colocou para fazer na frente da banda. Sobrevivi.

Minha irmã Lia arranjou um trabalho de atendente no banco Itaú da Brigadeiro Luís Antônio, perto da Treze de Maio, e acabou conhecendo Walmir Gil e Proveta, respectivamente trompetista e clarinetista/saxofonista, que moravam ali perto e tinham conta nessa agência. Eram músicos já profissionais que tocavam na Banda 150, e Lia ficou muito amiga deles, afinal agora estudava clarinete com o Máximo, proeminente professor de uma geração de clarinetistas. O nome Proveta se deve ao fato de ter prematuramente se revelado exímio clarinetista, justamente na época em que nasceu o primeiro bebê de proveta. Alvo provável da criatividade discutível típica de algum músico.

Gil passou a me ajudar muito me encorajando a

estudar da maneira correta, dando atenção à respiração, me convencendo até a frequentar uma modesta academia de musculação perto do teatro Sérgio Cardoso, e não hesitei, mesmo sendo contrário ao culto estereotipado da beleza e do corpo. Isso era, na minha cabeça, algo para quem ou já é ou nunca será. Me identificava mais com esse último, mas fui convencido de que preparo físico é importante para tocar. Fui então, e me surpreendeu o meu próprio interesse em observar diariamente o progresso dos meus bíceps, porém, de vida curta, essa atividade cessou em poucas semanas, mas a amizade com Gil continuou. Essa turma era referência de qualidade, bom gosto e profissionalismo no meio. Jovens, mas estavam anos-luz de mim. Tennyson, Gil, Proveta e Cacá ficavam na sala do apartamento da rua Conselheiro Carrão repetindo de ouvido clichês criados na hora, até alguém mudar o desenho e repetir a volta novamente. Isso reforçou minha ideia de que nos improvisos do jazz os "padrões" das frases se comportam sempre igual em vários tons e contextos diferentes.

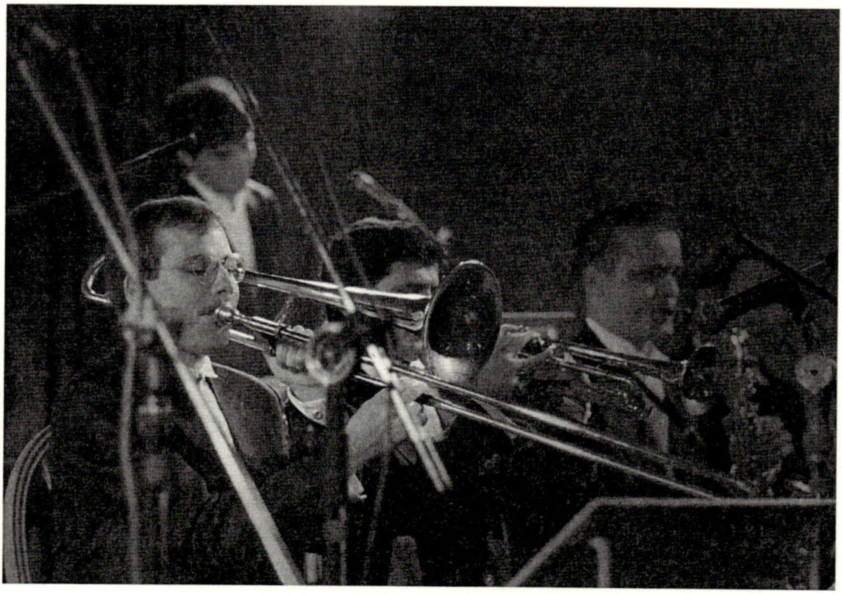

A Descoberta da Salsa

George, com sua extensa carteira de grupos e bandas, já estava há alguns meses ensaiando com uma nova banda e então me convida para desta vez assistir à estreia do grande projeto. O Sossega Leão, uma banda de salsa. Eu nunca havia ouvido falar de salsa, mas o nome da banda era incrível. Sesc Pompeia, festa do consulado da França. Fábio Malavoglia era o organizador.
 Fui convidado a levar o trombone. Eu era o caçula das bandas, e os músicos com quem eu tocava incentivavam sempre a minha cara de pau.
 — Leva o trombone, dá uma canja!
 Levei no Sesc mas ele ficou escondidinho no canto do palco, desta vez a coisa era outra.
 Começa o show e de repente o impacto de uma abertura com tambores, duas guitarras, bateria, quatro metais, percussão, flauta, baixo e cantores, alternando metais, vozes e cantor, percussão com uma potência inacreditável, num espaço onde palco e plateia se fundiam, com uma pilha de caixas de som que martelavam seu peito a cada nota do bumbo junto com o baixo em antecipações que não eram previsíveis como no pop ou no samba, uma estrutura diferente com muito coro entre espaços de improvisos de guitarra, sax, trompete e percussão e uma plateia em alvoroço, já devidamente calibrada para enfrentar os atrasos costumeiros desses eventos. Sesc Pompeia ainda desfrutava de um isolamento geográfico que permitia aos shows ter hora para começar

mas não necessariamente para acabar. O residencial ao lado estava só na planta ainda.

Lulu Pereira, soube depois, estudou no Equipe também mas não tinha lembrança, tocava um trombone baixo, Stradivarius Bach dourado, com um som do tamanho do salão, e quem estava lá também era Chico Guedes no sax tenor, Paulo Miklos na flauta e coro. André Jung, Nando Reis e Tuba, lembrava dele da escola, de vista. Cabelo e Adriano Busko eu não conhecia, e Skowa era famoso, mas eu não conhecia pessoalmente. Claudio Faria era da Metalurgia de quem eu era fã e tinha até o LP com autógrafos.

Uma experiência nunca por mim imaginada e uma paixão à primeira vista. Pois é, era a tal *salsa*. O Sossega estava no nível da Metalurgia, e além disso criava uma ligação hipnótica com o público através da dança, do baile. A pena era que já tinha um supertrombonista. Também não sei se daria conta.

Naquele momento, no boca a boca todo mundo se encontrava. Não tinha celular, mas muita ficha telefônica. Zerró Santos, ótimo baixista e arranjador, tinha uma sinfônica e uma *Big Band*, toquei nas duas, e mantinha um saco delas no carro para marcar os ensaios com todos os músicos, e não eram poucos.

Logo em seguida, Gereba me chama para tocar no seu grupo. Guelo, Cid Campos, Luiz Brasil, Chico Batera e Cézar do Acordeom. Gereba junto com Capenga formavam o grupo Bendegó, que teve uma carreira significativa nos anos 70 da música baiana no cenário nacional. O repertório autoral, de música bem baiana em vários ritmos e, bem agitada, eu pontuava com violino ou trombone, a incrível guitarra baiana do Luiz e o acordeão do Cézar. O Luiz era de uma safra de grandes músicos baianos como Pepeu, Armandinho, dominava totalmente a linguagem de "trio elétrico", mas era um jazzista também e com Cid tinha o grupo instrumental genial Sexo dos Anjos. Curiosamente, era casado com a irmã de uma garota que eu conhecia, e que também estudou no Equipe.

Mas depois daquela estreia do Sossega Leão, logo entre o primeiro e o segundo show, Lulu Pereira foi aceito na Orquestra Sinfônica Brasileira do Rio de Janeiro, regida pelo Isaac Karabtchevsky, sobrando a vaga de trombone na banda. Me chamaram e topei na hora. Inacreditável.

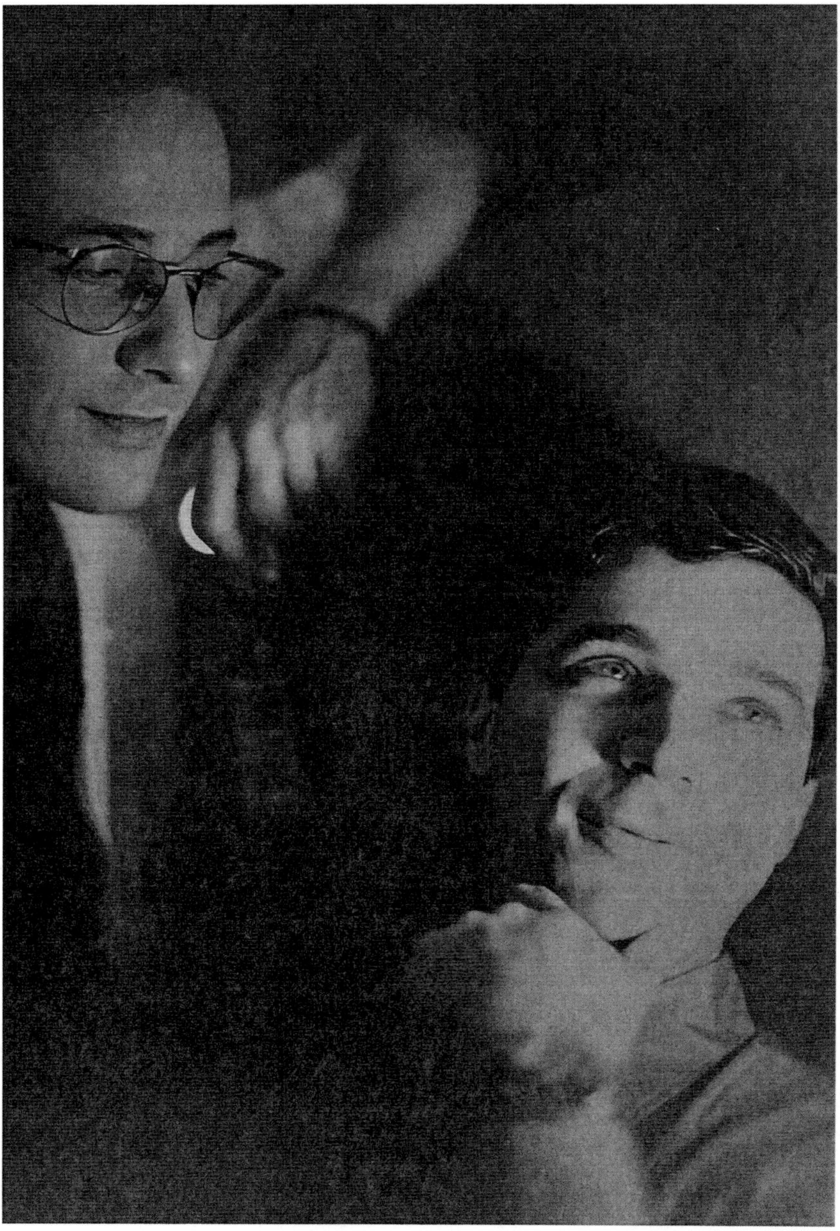

A Música que Venceu a Revolução

Na primeira reunião que participei na casa do George, fui me familiarizando com aquela turma que parte eu conhecia de vista da escola, parte dos palcos, e nessa onda de mudanças entrou mais um músico na banda, o Guga, que tocava marimba, instrumento com o timbre característico muito associado à música caribenha, era essa sonoridade que eles queriam. Skowa tinha voltado da Europa e lá a salsa estava bombando. Rubén Blades, Irakere de Chucho Valdéz, Enrique Pla, Arturo Sandoval e Paquito D'Rivera, de Cuba, Ray Lema e Salif Keita, Africanos e Kid Creole and the Coconuts que assinava o hit "Yo no Comprendo", talvez a melhor ideia de visual que o Sossega buscava. Também Carlos Santana, Pérez Prado, Stevie Wonder e Folclore Caribenho estavam no repertório explosivo. E claro, "Soy Loco Por Ti América", de Caetano. Chico Guedes no tenor ficava ao meu lado e, como ele escrevera todas as vozes do naipe, me dava a assistência que eu precisava.

O clima de trabalho era bem legal, diferente dos outros projetos, esse era um projeto de grupo. Skowa fazia questão de dizer que não tinha líder, que ele não era líder. Mas era. Uma figura querida que falava pra caralho e sempre cheio de energia. Mas todos tinham seus palpites e o espaço de criação era democrático. Lá, me atrevi a fazer os primeiros arranjos para os sopros, depois para a banda e por fim compor uma música e o arranjo. Me identifiquei tão prontamente com a salsa que as minhas ideias para músicas foram rapidamente aceitas, e o Chico logo seria um parceiro nos arranjos, praticamente meu tutor. A oportunidade de ouvir as ideias musicais sendo tocadas e saber se funcionam ou não é valiosíssima.

    Neste momento os ventos da música estavam mudando, os espaços para tocar se diversificando, e fomos afetados por isso também. As TVs estavam absorvendo os movimentos musicais mais independentes, criando programas ao vivo com estrutura de show, esse mesmo ambiente de artistas independentes provocando uma mudança de comportamento do público. As danceterias começavam a pipocar nas grandes cidades e depois em todas, e o mercado de trabalho para bandas aumentou. Começaram a surgir as bandas de pop de jovens reproduzindo o fenômeno que estava acontecendo na Europa e nos Estados Unidos. As gravadoras investiram nessas bandas, viram nelas potencial para um novo manejo do mercado com um novo público, mais jovem e menos exigente, o custo de produção bem menor, pois os próprios artistas "tocavam" o que dispensava custos com profissionais, e uma mudança total de rumo da MPB estava começando a acontecer.

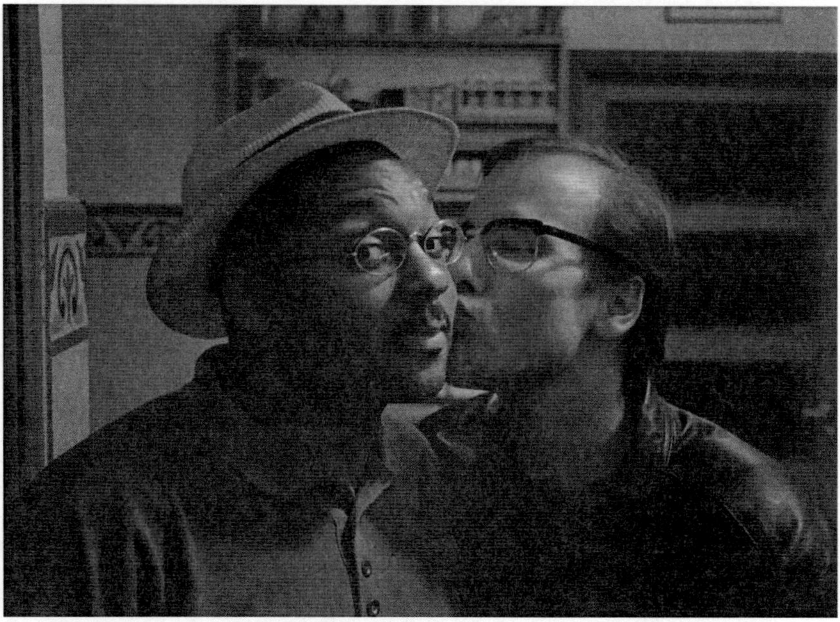

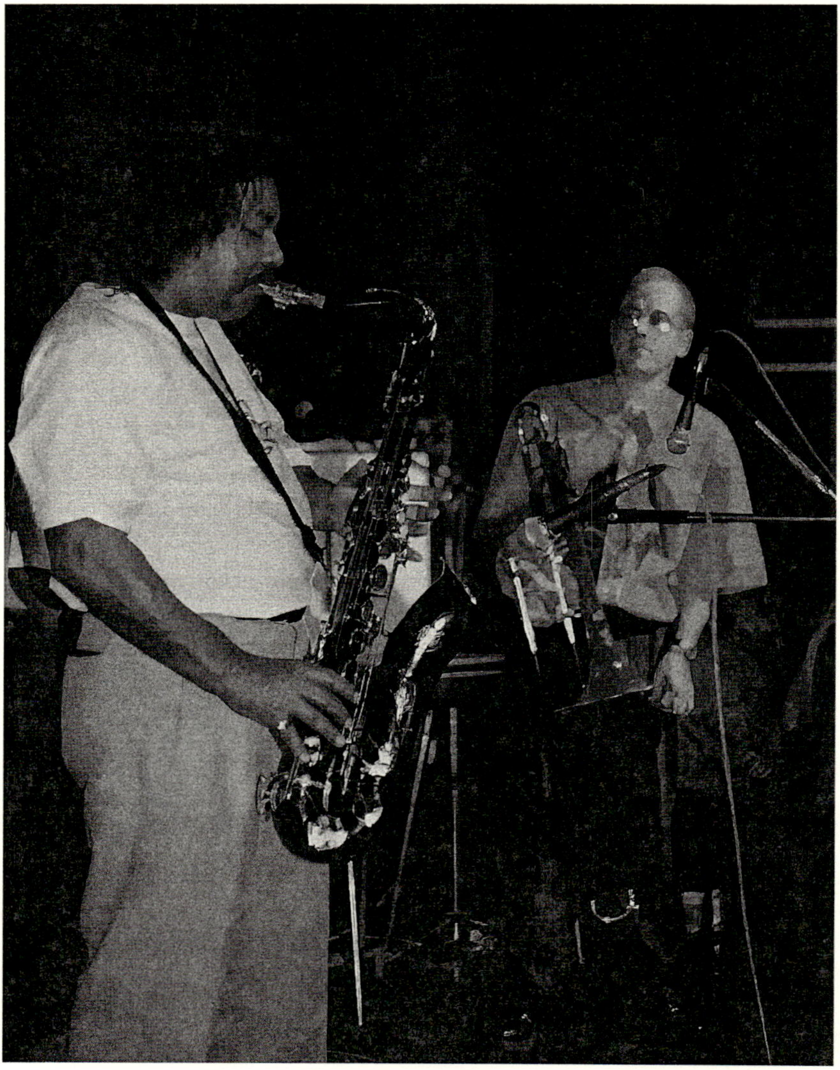

Brasil e Cuba

Era grande a expectativa pela abertura política e pela redemocratização que estava por vir, mas um engajamento mais político dos artistas, o que ajudou a concretizar essa transição histórica, não se materializou naquela geração que estaria sucedendo o período mais profícuo para nossa música. De repente, outros interesses. O comportamento narcisista estava à frente de tudo, uma alienação proposital, controlada. Porém, quando atingiram uma certa fama, muitos se notabilizariam mais tarde por adotar um discurso de indignação com o *establishment*, meio fora de hora. A riqueza daquela geração dos 60/70 não estava encontrando herdeiros. Acho que nunca encontrou. Mas o Sossega, naquele momento, acabou se ajustando bem nesse cenário. Jovens vestidos de guerrilheiros, tocando uma música feita para dançar. Uma diversidade que atraía jovens ou não. Éramos fregueses do Fábrica do Som da TV Cultura, assim como o Barraco 37 e Gereba também eram. Shows na Funarte, no vão da Paulista, no teatro do Masp, no Festival da Vila Madalena e da Pompeia. Convidados para tocar na inauguração do Rádio Clube na Vila Madalena, do Telmo Côrtes, do Percival Maricato e do jornalista Paulo Markun. Ingressamos no circuito das danceterias, Dama Xok, Radar Tantã vieram na sequência. Na esteira das discotecas dos 70, a novidade eram os palcos modernos feitos para absorver shows e esses novos movimentos. Não era coisa só para jovens não. O Rádio

Club, o pioneiro nessa onda, misturava a novidade e os veteranos nos palcos. Dividimos muitas noites com Luiz Melodia, Miltinho, Carmem Costa e também Ultraje, Paralamas, RPM e Premeditando o Breque, o Premê. Nos frequentes eventos de apoio pelas Diretas Já, quando tocavam vários artistas comprometidos com a ruptura da ditadura, estávamos sempre presentes, e, embora não tenha passado no Congresso, o Rádio Club permanecia com uma agenda de programações com artistas, escritores e jornalistas, aberta para ser um espaço de encontros pela democracia. Também tocamos na festa para o reatamento das relações diplomáticas entre Brasil e Cuba, interrompidas vinte anos antes, com a presença do Chico Buarque e Alícia Alonso, diretora do Ballet Nacional de Cuba, entre outros artistas e intelectuais.

Mas Nando, André e Paulo eram, antes de mais nada, dos Titãs do iê iê iê, era como eu conhecia através dos lambe lambes espalhados pela vila Madalena. Acabaram assinando com a Warner seu primeiro LP, e saíram da banda. Para o teste de cantores, Tuba sugeriu um tal de Hamilton do Bixiga, violão e voz. Claro que eu conhecia. Mas a cantora Fortuna também foi ouvida pela banda. A escolha foi pela voz masculina, pois a maioria do repertório era de autores/cantores homens. É mais fácil tirar as músicas nos tons originais e fazer coro também. Hamilton Moreno era agora nosso cantor.

Zé Rodrix foi convidado para o ensaio nesse dia, adorou a banda e lançou a máxima que se tornaria o nosso lema:

— Vocês tocam a música latina que venceu a revolução e não a que: "Si me cortaron las manos..." — arriscava ele cantando, fazendo uma alusão a Víctor Jara, cantor e compositor que teve suas mãos amputadas e em seguida assassinado no Estádio Nacional do Chile, em 1973, pela ditadura de Augusto Pinochet. Ditaduras em vigência lá e aqui, falar de Cuba no Brasil era um tabu, e a música ou qualquer outra expressão artística de lá simplesmente não podia entrar, salvo pelo escaldado mimetismo de Chico Buarque que trazia na voz a parceria "Yolanda" (Canción por la unidad latinoamericana) com Pablo Milanés. A influência da música cubana na América Central e na América do Sul era enorme. Os boleros são tradicionalmente cubanos, os mambos, a rumba, a habanera, o chá-chá-chá, fazem parte da extensa ramificação de estilos e ritmos que abastecem sua tradição, emoldurando a maior ilha do Caribe como centro historicamente influente e agora sob os cuidados do comunismo, alvo da mais permanente atenção. A língua era um entrave também para uma integração maior do Brasil com a América Latina. O espanhol surrado da gente poderia ser um obstáculo contra nosso objetivo de popularizar um baile latino, mas algumas versões pontuais em português que o Guga fazia, misturadas à empolgante performance da banda, deixou isso de lado.

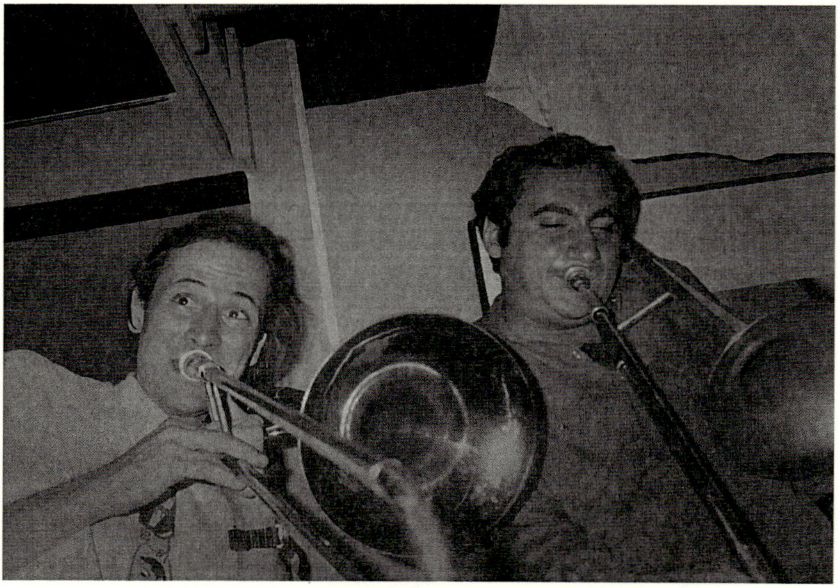

Conexão Bixiga-Bolívia

Em se tratando de latinidade, numa das passadas pelo Bixiga, entrei no Café Brasil para, quem sabe, tocar alguma coisa com Hamilton, porém o palco estava tomado por um juntado de músicos acompanhando Silvia, cantora com repertório de MPB. Na plateia só um freguês. Maita, Luisão no baixo, Jimmy na guitarra, Roni na batera, Mané Silveira e Bangla nos saxes. Sem cerimônia alguma entrei na última música e colei nos *riffs*. Ao fim da apresentação, todos desmontando seus instrumentos, o freguês de terno cinza que discretamente assistiu ao show desde o começo, o senhor Molina, chama a banda e convida a todos, incluindo a mim, para tocar na festa de casamento da filha do contador da República da Bolívia em La Paz, com tudo pago, incluindo passaportes para quem não tinha, no caso eu e Maita, dentro de dois dias, com cem dólares por cabeça no bolso.

A falta de razoabilidade e a singularidade de uma proposta como essa era tão patente que, surpresos, todos toparam. Ali mesmo. Foda-se, *bora lá*. Corremos, eu e Maita, que nem loucos pelo centro de São Paulo no dia seguinte, regularizando a mesma situação militar em que nos encontrávamos. Não tínhamos reservista. Simples. Jogamos os papéis nas mãos da despachante do Molina e tudo certo. Pedi ao Bocato para fazer um show do Sossega na minha ausência. No dia do embarque todos no balcão da Loyd Aéreo Boliviano com suas malinhas e instrumentos esperando um responsável qualquer pelo grupo pagar o inexplicável excesso de bagagem de mil e quinhentos dólares. De onde a atendente tirou isso? De um container que estava atrás de nós na fila, lacrado com madeiras e em nosso nome. Molina e sua presteza em resolver problemas nos colocou rapidamente no voo e fomos para os Andes. Nunca saberemos o que tinha lá dentro. Intuíamos. Pick-ups Toyota modernas para nos levar até o Sheraton Hotel de La Paz, descendo em espiral as bordas da cratera interminável numa vista fascinante do entardecer a 4 mil metros de altitude. Suítes para cada dois músicos, pede-se o que quiser e ainda tem a grana para comprar bugigangas. Tava ótimo. Pressão atmosférica quase negativa, eu mascava folha de coca e Luisão fumava seu cigarro Minister imerso na banheira cheia para minimizar o desconforto. O show era num salão enorme, circundado por perus fatiados. Abre uma banda de salsa local e, quando a janta é servida, entramos. Fica difícil chamar a atenção de quem está comendo, bebendo e conversando. Péssimo momento. Saímos, e os bolivianos entraram, e, como eu já estava me familiarizando com o repertório latino, tratei logo de dividir músicas com o saxofonista e goles de pisco, destilado de uvas típico de lá, com o cantor na beira do palco. A demora da banda em retornar irritou o "pai da noiva", que, achando que estávamos desdenhando dos anfitriões, resolveu simplesmente chamar a polícia do exército, afinal era uma festa de Estado, e ele era uma autoridade. Após muita negociação o baile continuou, se estendendo até os funcionários começarem a arrumação do salão quase vazio pela manhã. Reflexos do poder do convencimento. Mais três dias sem fazer nada, banheira, folhas de coca e bugigangas, voltamos.

Festival de Águas Claras

Coincidentemente Gereba e o Sossega, na última hora, se apresentaram no Festival de Águas Claras, a segunda versão do inesquecível Festival de Iacanga, famoso nos anos 70. Seria uma apresentação importante para a banda, mas rotineira para os artistas consagrados, incluindo o Gereba, que já havia se apresentado em 75 com o Bendegó. Eu faria os dois. No conforto duvidoso da viagem de ônibus na ida, técnicos, músicos e produtores dividiam o ônibus com a gente.

No hotel uma incessante movimentação de artistas, *roadies*, produtores inquietos e, pelos corredores, os rumores da demora em João Gilberto confirmar sua tão aguardada chegada. Era o olho do furacão. Ele era a estrela. Depois da nossa apresentação, por exemplo, a lona do circo da Malt 90, repleta de freezers da recém-lançada cerveja, servia de hall para os artistas circularem e suportava acrobaticamente as garrafas que atravessavam o palco durante o show do Raul Seixas, visivelmente chapado, arremessadas da plateia por prováveis fãs descontentes que não tinham muita certeza se era ele mesmo devido à sua fisionomia flagrantemente desfigurada. Suspeita que até procedia, pois foi testemunhada por mim, já no hall do aeroporto de Bauru quando, ao voltar para São Paulo, resolvemos nos arriscar em pegar vagas no Fokker 50 destinado aos medalhões. O tempo nublado, muita incerteza para uma possível decolagem. Porém, de repente o comandante grita: "Tem teto!!". E todas aquelas estrelas despencam pela pista correndo, Wanderléa tira até os sapatos, Oswaldinho do Acordeon, Raul, Eduardo Assad e nós numa vexaminosa corrida cheia de empurrões pelo melhor lugar, verdadeiro "Crepúsculo dos Deuses". A elegância acabou não embarcando.

Com Gereba, gravei o que poderia se chamar de "último compacto" da indústria fonográfica, com 7 polegadas e que cabia uma música de cada lado. As sessões de gravação no estúdio da Odeon, na Mena Barreto, Botafogo, se deram junto com as últimas etapas da gravação do "penúltimo compacto" de Paulinho Boca de Cantor, amigo do Gereba, com *"Enviado Baiano"*, própria para o carnaval. Quando percebi que uma metaleira, como são chamados os metais, estava gravando no estúdio ao lado, fui dar uma espiada e lá estavam os "caras". A supermetaleira que gravava tudo o que Gilson Peranzzetta e o Lincoln Olivetti escreviam estava sentada ali. Oberdan, Márcio Montarroyos, Bidinho, Serginho Trombone, Zé Luiz, todos gravando um frevo encrencadíssimo.

Mais tarde, quando fui gravar o improviso do trombone, pela janela do "aquário" aparece Oberdan fazendo um gesto positivo para mim. Passei na primeira fase do meu vestibular. De cortesia e curtição demos para o Paulinho um coro de assobiadores para o finalzinho da sua música. No ano seguinte, durante o carnaval no festival de Extrema, em MG, comemorando a passagem do cometa Halley por nossas cabeças, depois do Sossega dividir palco com o Melodia e ninguém mais, ninguém menos do que Raul de Souza, tomando a tradicional canja de galinha de final de festa, ouvi pelo rádio do restaurante os meus assobios da gravação do Paulinho. Eu estava "tocando" na rádio.

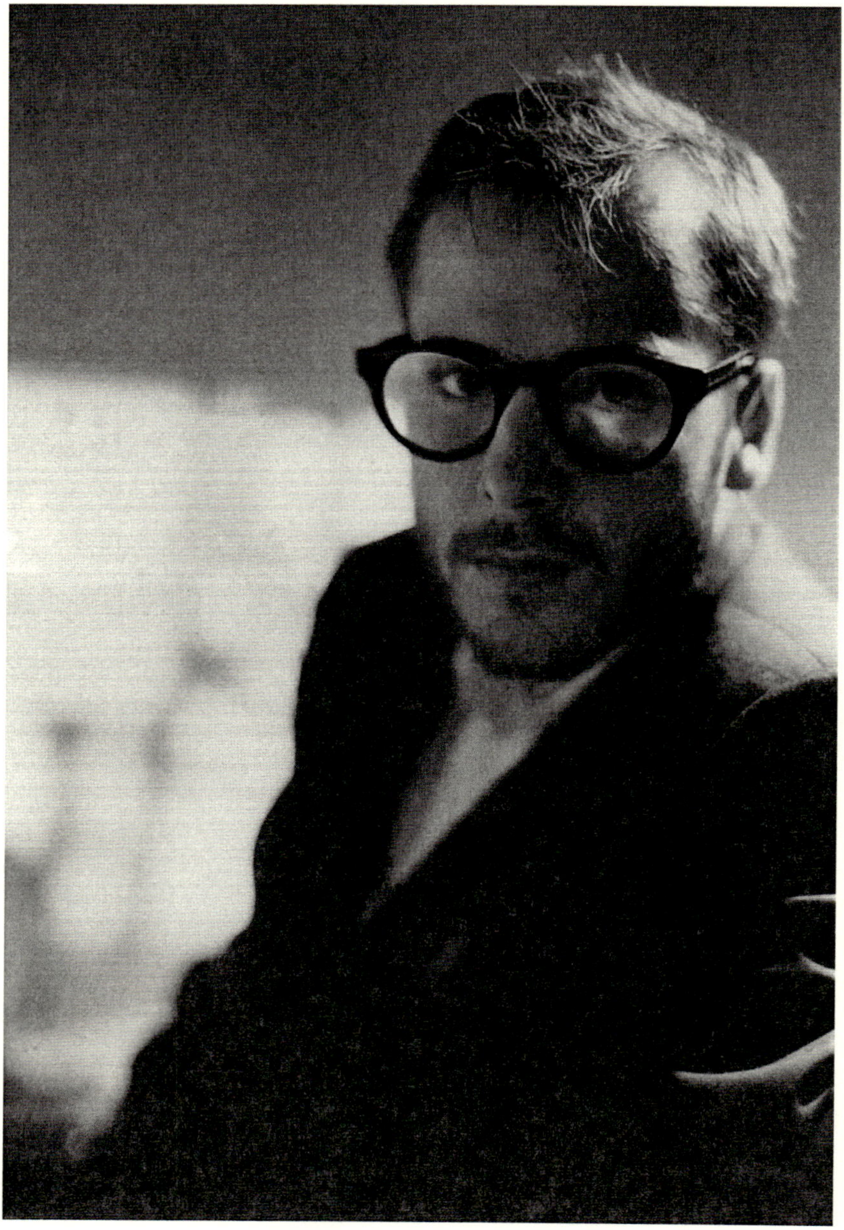

Memórias do Patropi

Não sei como nem exatamente por que aceitei um convite para tocar uma noite no Patropi. Era um salão enorme de dança bem tradicional e tinha um palco em cada ponta. Duas bandas tocavam na mesma noite, distante duas quadras da minha casa, agora no Paraíso. Talvez por isso aceitei. As bandas remanescentes dos antigos bailes da cidade se apresentavam lá. O Kojak não era músico, só arregimentava os músicos que tocavam na banda que levava seu nome. Era o dono. Não é difícil imaginar sua aparência. Repleta de músicas antigas, e público também, o baile das quartas-feiras era assim: das 22h às 23h "Elas Mandam", dizia o luminoso de acrílico desbotado do lado direito do palco. Portanto, as mulheres chamavam os homens para dançar. Das 23h às 0h, "Eles Mandam", aí era a vez dos homens, tudo sinalizado do lado esquerdo, sendo que nos dois casos ninguém poderia dar "tábua", ou seja, recusar o convite senão o baile parava e da meia-noite em diante, "Baile liberado!", dizia o bandleader ao microfone. Na esteira do eterno sucesso que era a carreira do Rei, os três cantores da banda se chamavam Roberto. Cada um do seu tamanho. Robertinho, Roberto e Robertão. O Calado era o trombonista que dividia comigo o naipe de trombones. Ele escrevia arranjos também. Cada dia tinha um músico diferente, pois havia um rodízio nas casas que ainda sustentavam esses bailes. Comecei a ser chamado todas as quartas, e o repertório de clássicos das *big bands* eram fantásticos. Eram uma representação dos bailes do passado que dominaram a moda por décadas até a chegada do *twist*. Assim reclamava o clarinetista com profundo ressentimento, e ainda atribuía a culpa da decadência desses bailes ao general Eurico Gaspar Dutra, por ter proibido os cassinos logo após o Estado Novo, em 46. Fox, ou o Jazz, com as canções americanas que ainda eram sucesso, mambos e boleros típicos do Caribe e da América Central e a Gafieira que unia sambas, choros e bossa-nova famosas. Arranjos de G. Gagliardi, Calado, Severino Araújo, Pérez Prado, Xavier Cugat, Glenn Miller e até Duke Ellington.

Era um repertório extenso e difícil, mas acabei tocando em todas as casas de baile de São Paulo, Clube Atlético do Ypiranga, Urso Branco, Clube Vila Maria, Casa do Sargento, Clube Piratininga e Cartola Clube. Um dia, terno roxo com cravo vermelho na lapela, outro dia com terno amarelo e cravo roxo e no seguinte terno vermelho com cravo amarelo. Como Kojak insistia em me convidar, eu acabava aceitando. Pouco dinheiro, um sanduíche de queijo com cerveja e uma revistinha de sacanagem que passava de estante em estante durante as músicas como provocação para pegar algum incauto. Era essa a rotina. Era uma sedutora arapuca em que eu caí e durou meses. Culminou numa quarta-feira que, como sempre no Patropi, as duas bandas, Kojak e Clôdo, se revezavam sem deixar um buraco sequer. O Pinheiro, que havia tocado comigo no Laércio, não poderia fazer o Clôdo esse dia e eu topei substituir ele. O problema é que eu, sem me dar conta, teria que tocar nas duas, atravessando a pista com o trombone em punho onde o baile rolava. Dito e feito. Acabava o Kojak, corria nos primeiros compassos de *New York, New York* da banda do Clôdo. Acabava Clôdo, corria nos primeiros compassos, agora de *Polonaise*, de Chopin, em gafieira do Kojak. Muito divertido esse período, aprendi bastante, mas eu tinha a minha banda. Então chega.

Em São Paulo a agenda do Sossega era intensa, chegamos a tocar oito vezes em uma semana. Não que significasse dinheiro pois éramos muitos e agora com um empresário, Celso Nogueira. Mas eu, por exemplo, não tinha custos, pois morava com a mãe. Mas os casados e com filhos se mantinham com outros trabalhos também.

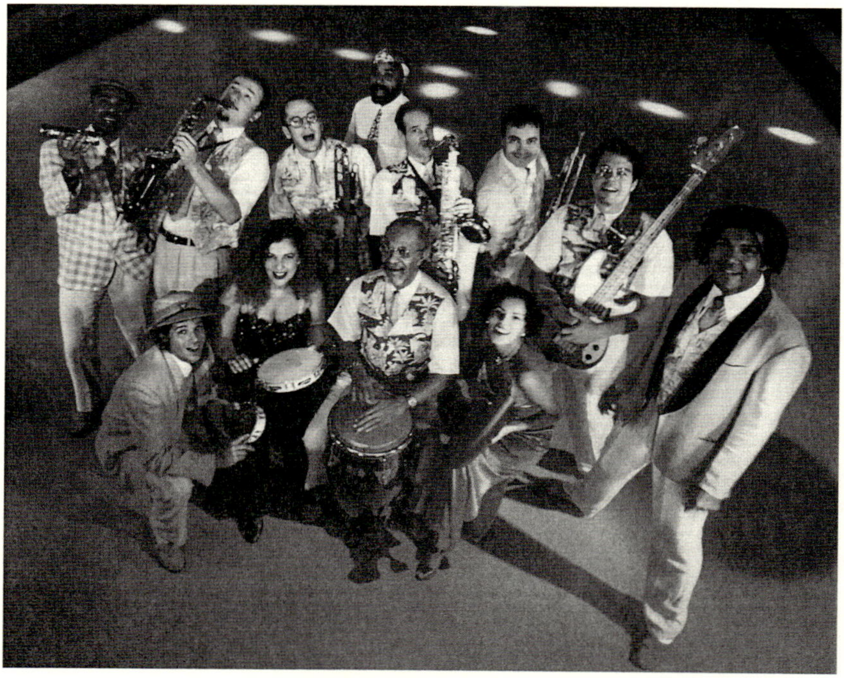

Nasce um Compositor

Fomos convidados então para o encerramento do então Rádio Club, mas logo adiante, no mesmo espaço e com os mesmos sócios, inauguramos o Bar Avenida. Essa parceria seria duradoura.

1985, o Gordo do Lira agora era diretor artístico da gravadora Continental e finalmente o convite para o disco chegou. Nos preparativos, a escolha de fazer com dois trompetes, Faria e Nonô também da Metalurgia, deram um gás nos metais. George tinha saído da banda para fazer um espetáculo de teatro como ator, e Paulo Garfunkel entrou para o sax alto. Ele tocou com a Elis também e junto com Jean, seu irmão, compuseram "Calcanhar de Aquiles", que ela gravou. Eram compositores incansáveis. Os ensaios já eram feitos numa casinha nos fundos do ateliê de joalheria do Cesar, um amigo, na prestigiosa rua Oscar Freire, do lado mais modesto, atrás das Clínicas, onde em cima, logo na entrada, tinha um misto de pizzaria e boteco, e a gente ficava mais nesse último. Depois de uma tímida primeira rodada de cerveja, Nonô, que não bebia, vai embora, e os trabalhos na noite começam pra quem fica. No dia seguinte, muito cedo, todos recebem a notícia de que Nonô morreu num acidente de moto na Rebouças com Henrique, voltando de moto para casa. Um nocaute para os músicos. Ele era muito jovem. Tocamos nessa mesma noite na danceteria Raio Laser, de luto.

Faríamos o disco com músicas próprias e versões em português de clássicos. Eu estava contaminado pela obra de Rubén Blades. Gravamos Juan Pachanga em português. Conhecer Rubén Blades foi uma surpresa total. Suas letras e arranjos, sua trajetória, Direito na Harvard, ator de Hollywood em "Predador II", candidato a presidente no Panamá, uma estrela mundial da música latina na Europa, no Japão e nas Américas, menos no Brasil. Um compositor engajado que admirava Simón Bolívar e pregava incansável com suas músicas a verdadeira independência da América Latina. Decorei suas músicas, "Pablo Pueblo", "Plástico", "Siembra", "Sigo Palante" e outras. Aquela militância da qual eu debochava quando os colegas dá escola mais radicais pediam doações para o Solidarnosc, da Polônia, agora era a minha motivação. Imbuído então da missão de adotar a salsa como um canal de mensagens anti-imperialistas de reconhecimento à necessidade da união da América Latina, quem diria, comecei a compor uma salsa criticando a invasão da ilha de Granada no Caribe promovida pelo governo de Ronald Reagan, presidente dos EUA. Sergião deu segmento à letra, depois Guga arrematou:

> *"Paraquedas vem baixando*
> *Fuzileiros vem do mar*
> *Cada praça cada Vila*
> *Viram pontos no radar*
> *Na visita inesperada*
> *É fácil da gente notar*
> *Que eles falam outra língua e não vieram conversar"*

Chico me ajudou a escrever o arranjo, e a banda topou. "Bomba" foi gravada e abre os trabalhos para composição e arranjos.

A capa foi encomendada ao Patrício Bisso, com quem já havíamos tocado em alguns eventos e participou em uma das faixas. O figurino de guerrilheiro deu lugar a cueca samba-canção e sapatos, o que nos renderia mais espaço nos programas de TV.

Para a estratégia do lançamento do disco, o Rio de Janeiro era o alvo. Palco da visibilidade de todos os artistas há décadas. O Parque Lage e sua arquitetura Imperial agora era espaço de grandes eventos culturais e lá faríamos o show. Meu pai morava no rio há quase 10 anos, minha irmã Mayra nasceu lá. Alguns músicos ficaram hospedados na casa da Marília na Urca, a nova namorada do meu pai, onde era a base para a devida calibragem necessária para o desafio de encarar o exigente e desconfiado público carioca. Antes do palco, um grande copo de gim estacionava sempre nas mãos do Tuba, guitarrista, que, na hora da inesperada canja de guitarra do Herbert Vianna em uma música do Santana, se apoia no meu ombro e diz: "Fica parado que eu tô aqui... Visivelmente instável". Firmei os pés no chão e ancorei o parceiro durante o show inteiro. A cena, somente percebida pelos músicos da banda é claro, com aquele cenário arquitetônico magnífico incrustado na exuberante Mata Atlântica do Jardim Botânico do Rio de Janeiro ficou por anos batizada "Tuba, o Gim da Selva". O lançamento nos insere naquele universo comercial de viagem bem conhecido, programas de auditório, Bolinha, Raul Gil, Marília Gabriela, TV Manchete do Rio, show na praia, Circo Voador, vídeoclipes para o Fantástico, shows com playback etc. Estávamos na máquina, ainda que modestamente. Não tínhamos música em novela, embora o convite para a abertura de "Sassaricando" tenha nos rendido horas de estúdio, mas sem resultados, pois não estávamos acertando a "pegada" que eles entendiam como música caribenha. Era tudo estereotipado, difícil de tocar e entender, sem o balanço que a gente já tinha incorporado, e nosso jeito de absorver as músicas era meio caótico mesmo, não nos adaptamos ao sistema industrial que os estúdios exigiam. A ideia que se tinha do Caribe aqui no Brasil era do exótico ou do brega.

Não conseguir sucesso em vendas de discos e direitos autorais, sucesso na TV e na rádio como as bandas da nossa geração e diferentes opiniões sobre o rumo do trabalho gerarou uma certa frustração, e o Skowa saiu. Com a entrada do baixo sensacional de Sizão Machado na banda, preparamos um segundo disco; Luiz Macedo, lá da banda do italiano, entrou pro grupo e passou a escrever arranjos também. Gravamos uma demo, eu e Guga ensaiamos estender a nossa parceria para essa nova fase com Búfalo Bill ainda no espírito de uma salsa politicamente engajada:

> *"Ele nasceu em Dallas ou Beverly Hills*
> *Jogou bomba na casa de quem nunca viu*
> *E talvez acredite nos filmes, nos clipes que vê nas telas*
> *Onde Guerra nas Estrelas é realidade*
> *Hiroshima novela*
> *Ele aprendeu na escola com Buffalo Bill*
> *Que o índio se mata e que o preto é vadio*
> *Aplaudiu os discursos do presidente que viu na TV*
> *Apoiando entre outros Somoza, Marcos e Pinochet"*

A demo era boa, mas o mercado já sabia o que

queria, e o projeto não foi para a frente. Ainda não era o momento da música latina.

Chamavam a banda para algumas datas, e eu fazia algum misturado de músicos e tocávamos num claro esforço em vão, na tentativa de reproduzir aquilo que já não existia mais. Aquelas pessoas é que faziam a banda funcionar.

Nesse período, eu fazia os almoços para a família, meu tio Beppe, Lia e seu namorado, Adriana, e a Mãe que vinha do trabalho para o almoço às 12:30 pontualmente. Eu fazia compras e cozinhava cronometradamente ouvindo as novidades da música. Numa dessas pausas para o almoço, minha mãe chega com um LP emprestado de Tom e Vinícius chamado "Canção do Amor Demais". Era o disco responsável pelo surgimento da bossa nova, em 1958, em que tinha a batida do violão enigmático de João Gilberto, acompanhando a grande Elizete Cardoso em "Chega de Saudade". Minha mãe fez questão de me mostrar como foi ser testemunha do choque que esse álbum provocou na sua geração, como ela ouviu no rádio e imediatamente foi tocada por algo diferente. Em mim naquele momento veio a compreensão sobre os desafios da criação de uma obra e o movimento que ela pode gerar. Mesma surpresa eu tive quando Chico Guedes me mostra no mesmo período o LP *"Bossa Rio"*, de 1964, o ano em que nasci, de Sérgio Mendes com Raul de Souza e Maciel nos trombones e Hector Costita no tenor, quando a bossa nova já está no seu auge como componente incorporado ao jazz. Era maravilhoso. Eu não conhecia. Se para mim era surpreendente a sensação de ouvir, fico imaginando vinte, trinta anos antes.

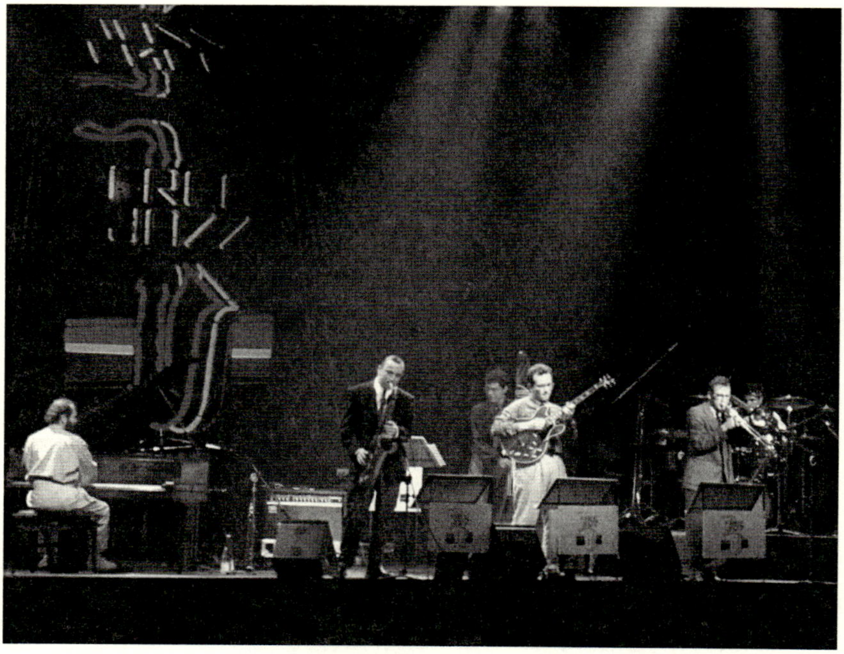

A Música Sofisticada

Mas na casa do Caribé a cultura musical era obviamente recorrente, com uma estante na sala cheia de LPs antigos e novos. Era nosso centro cultural. Alberto e Mário nos mostravam lançamentos. Weather Report e Jaco Pastorius, Egberto Gismonti e Hermeto, e ainda Eberhard Weber, baixista alemão, Martial Solal, pianista argelino. Seu domínio pela tecnologia era notável, já nos alardeava em um tom profético que a palavra "informática" seria uma atividade promissora do futuro próximo. Isso nas ocasiões em que fazíamos um grupo de estudo sobre Schoenberg que ele ofereceu para nós, quando falávamos sobre música. Num enorme computador IBM em que ele mesmo fazia a programação para seus usos empresariais, tinha instalado um programa de notação musical controlado por um piano RD250 da Roland, recém-lançado no mercado, emprestado pelo próprio representante da marca. Mas o que me chamava atenção eram as composições do Alberto. Ele escrevia todas elas em partituras de piano, mas registrava também em um gravador de rolo Revox B77 com dois microfones AKG direcionados nos graves e agudos do Essenfelder no cantinho da sala. Pedi uma cópia em cassete e passei a escutar. A sua fisionomia, inclusive, lembrava muito o Bill Evans, mas o Bill era passional em seus toques e improvisos; já Alberto era racional, mas expressivo também. A maneira de compor, unindo improvisos às vezes jazzistas, às vezes indefinidos com saltos mortais da harmonia, me levavam a lugares cada vez mais distantes e iluminados da música, o que antes funcionava sempre dentro de uma certa previsibilidade agora tomava um caminho desconhecido. Minha curiosidade levou de novo a me abastecer na banca de jornal e desta vez para tirar o atraso com a música erudita. Na verdade, comprei num sebo na São João os autores que tinham os nomes mais difíceis de pronunciar da coleção "Mestres da Música", também da Abril. Stravinsky, Bartók, Korsakov, Fauré, Debussy, Ravel e Brahms. Os almoços passaram a ser feitos ao som de "Sagração da Primavera", "Concerto para Orquestra", "Fantasia para Piano e Orquestra", "La Mer" e "Bolero" de Ravel, com equipamentos de som na cozinha de alta qualidade. Aquelas músicas do Alberto haviam mudado minha percepção, e eu encontrava todos esses caras, suas influências em Tom Jobim, Duke, no jazz e nas trilhas de cinema e agora via onde John Williams da trilha de Guerra nas Estrelas molhava seu bico. Havia uma outra engrenagem que estava operando na maneira de ouvir. Era um prazer diferente na forma de apreciar. Mas a beleza estava lá.

  Em 87, Guga e George trabalhavam em um projeto de uma redução de *big band* com repertório só de Duke Ellington e acabaram chamando Luiz e eu. Indiquei o Sergião no sax tenor. O Chico foi para o barítono. Os Heartbreakers tinham um repertório que para mim já soava bem familiar, pois o *Unknow Session* do Ellington era um disco que conhecia bem, seria a base do trabalho nesse início e como minha leitura ainda era lenta, no Sossega mesmo eu decorava tudo, tratei de tirar minhas melodias rapidamente. A cozinha estava se reunindo há mais tempo e tinha um projeto separado batizado de "Nouvelle

Cuisine". Aí um circuito mais cult começou a se abrir. O Espaço Off era adequado para receber uma música feita para se ouvir, um lugar pequeno, instrumentos acústicos, com as sutilezas dos arranjos, melodias sinuosas, como eram as músicas do Duke e ainda com a revelação surpreendente da interpretação de Carlos Fernando na voz cheia de ornamentos rebuscados.

Os donos do Singapura Slims, onde eu e Guga fazíamos um duo de jazz para os ouvidos dos fregueses e a Grace Gianoukas, como garçonete de ocasião, servia drinques para Lulu Santos, abrem o Aeroanta, mais uma danceteria e, para nós,, outra frente de trabalho. Uma danceteria "cult". Pegamos uma noite na casa. Era um mix de baile e show.

George, que é filho da atriz Karin Rodrigues e circulava no meio teatral como ator e músico, convidou José Possi Neto para assistir aos Heartbreakers lá.

Imediatamente ele se interessou em fazer um musical. A sua habilidade de juntar rapidamente os talentos de cada área em torno de suas ebulições criativas foi incrível. Teria um corpo de bailarinos feras, músicos e cantor. A partir de agora seria muito trabalho para as audições e a seleção das músicas no estúdio Radar, na Barra Funda. Se chamaria Emoções Baratas.

As agendas seguiam tranquilas até novamente a Warner contratar o Nouvelle para seu primeiro LP, tirando eles do projeto, que entra numa rápida crise. Mesmo sob a direção de Guga e George, o grupo funciona como uma cooperativa na relação com os produtores, e assim demos as garantias de que daria para fazer com outros músicos. Uma reunião com os produtores e algumas substituições resolveram o problema. Mário Caribé entra no baixo, substituindo Flávio Mancini; Beto Caldas na bateria e eventualmente vibrafone, se Guga não pudesse tocar em algum momento, Jether Garotti no lugar de Luca Raele, e a sorte de tocar também piano e clarinete com a mesma competência.

Como Carlos exercia uma certa direção estética no Nouvelle, capa do disco, repertório e figurino, Possi se sentiu livre para substituir a voz masculina por duas cantoras, Adiel Ferreia e Misty.

O Ópera Room, recém-aberto pelos sócios do Bar Avenida, ex Rádio Clube, seria a casa. Com mezaninos nas laterais, era uma casa noturna mais para assistir a shows e menos para dançar. Toda uma engenharia foi envolvida no espetáculo. Um palco retrátil que cobria o espaço da pista de dança, mesas cenográficas compartilhadas pelo público e bailarinos, luzes exclusivas e som especial adicional para captar os músicos em movimento no palco. A estreia foi um sucesso, com a unanimidade da mídia que cobria os eventos culturais e, a partir de agora, não só apenas as baladas noturnas. A rotina semanal de apresentações profissionalizou o grupo.

Lá assinamos com o selo Eldorado e gravamos o primeiro LP chamado *Ellingtonia*, capa do Carlos Fernando. Zizi Possi e Misty fazem participações. As melodias de Laurence Brown seriam regravadas pelo meu trombone com direito a improvisos.

Oportunidade Divina

De repente, o espetáculo passa a ser a nossa vitrine, e o Zé Possi é convidado para criar o evento da entrega do II Prêmio Sharp de Música Brasileira, no Copacabana Palace, Rio de Janeiro. Uma semana no Rio para os ensaios das músicas de Dorival Caymmi, que seria homenageado e tocaria também. Emílio Santiago, Marília Pêra, Alcione, Dominguinhos, Joana, Dorival e Elizete Cardoso, sim Elizete, cantariam com a banda arranjos que haviam sido encomendados a Edson José Alves, arranjador e baixista da Banda Mantiqueira. Nana Caymmi se recusou. Aliás, ouvimos boatos de que os músicos do Rio jamais engoliram por que novatos de São Paulo estariam pegando esse cachê, e não eles. Ali, no Rio, era território de tudo o que se produzia em música e televisão. Estávamos em contato direto com as estrelas da MPB, trabalhando juntos para um evento de celebração muito importante. Os ensaios andaram perfeitamente bem sob a direção do Walmir Gil, nosso convidado, e os artistas eram sempre muito respeitosos. O jogging cor-de-rosa combinando com as alpargatas e a pochete nem se fizeram notar, como poderia, frente ao vozeirão extremamente afinado e potente de Emílio e sua estatura, simpatia e profissionalismo, assim como a delicadeza e simplicidade da Divina Elizete conquistaram cada músico.

Elizete que há pouco tinha tido contato em "Canção do Amor Demais". Ela então iria cantar "Só Louco" e o arranjo vindo de São Paulo aparece com um problema, fora do tom dela. Se é uma coisa de meio tom ou um tom, daria até para ler transpondo, mas uma quarta, quinta, torna-se ineficiente para as regiões específicas dos instrumentos. Eu tinha a oportunidade da minha vida, até aquele momento: convencer a banda e a direção de que eu faria o arranjo em 12 horas. Olhei para o Chico e disse: — Vamos Chico? Na verdade, não tínhamos outra escolha. Não tinha internet, celular, e o fax estava apenas engatinhando.

Ficamos as horas restantes do período sentados ao piano, com pouco progresso. Mas uma indisposição súbita, talvez fruto do nervosismo da responsabilidade assumida, me obriga a ir ao banheiro, e em alguns instantes vem a ideia e o interlúdio instrumental sai do banheiro pronto em pensamento e arrasta todo o resto do arranjo. A memória dos arranjos de Severino Araújo para a Orquestra Tabajara acompanhando Jamelão cantando Lupicínio Rodrigues se fizeram presentes neste momento solitário. A coleção Música Popular Brasileira da Abril ainda dava frutos. Mãos ao piano para desenhar o caminho dos instrumentos com o Chico nas anotações das vozes e cifras, e, mesmo com toda a sua presteza, o horário do estúdio acaba. Contando com o piano de cauda da entrada do hotel, partimos. Chegando, piano trancado, o tempo se esgotando, e as ideias se esvaindo, subimos para o quarto. Pensei logo em uma tira de papel higiênico pintado com teclas para simular um teclado de piano e sobre ele as memórias das posições dos acordes do interlúdio testadas ainda no estúdio resolvem voltar, eu precisava apenas mostrar pro Chico as posições e as anotações eram feitas, fim de arranjo. No dia seguinte logo cedo no estúdio, muita expectativa, a confiança depositada em mim era estremecedora, e eu só confiando na segurança e na experiência do Chico. Ela chega com a mesma elegância e disposição do dia anterior, e logo na primeira passada, o sorriso demonstra aprovação e seguimos em frente. A honra de fazer um arranjo para a cantora de "Chega de Saudade" foi o nosso maior prêmio. Outros artistas fariam seus ensaios e assim a caminho do ensaio geral no dia seguinte. Para abrir, o próprio Caymmi cantando "Acalanto" com arranjo do Luiz. A banda tocaria no centro do palco atrás, e os artistas cantariam na frente. Mas quando os prêmios são entregues, desce um pano branco na nossa frente onde só conseguimos ver silhuetas enquanto tocamos as vinhetas de entradas e saídas dos premiados. Assim, vimos Tim Maia, Sandra de Sá, Roupa Nova, Milton, Gonzaguinha, Nelson Gonçalves e a antológica subida da rampa do Cazuza de cadeira de rodas levado por Gal Costa. Tudo em silhuetas na sombra. E é onde nós, músicos instrumentistas, arranjadores, atuamos predominantemente. Era esse o trabalho e sabemos disso.

 Durante a temporada, o Sebastian Fonseca é o novo bailarino substituindo Rui Moreira, que recebe convite para o Grupo Corpo em Belo Horizonte. Sebastian, inseguro ainda se ficaria ou não no trabalho, desabafou para nós seu dilema de voltar para o Rio e o convencemos a ficar. Sorte. Alguns dias depois, o convite para a campanha da C&A, em que é escolhido para ser o "garoto-propaganda" que canta e dança à frente dos Heartbreakers tocando, em playback claro, uma paródia de "Minnie the Moocher", de Cab Calloway, copiando uma hipotética cena do filme *The Blues Brothers*. Azar. O cachê de todos os envolvidos na campanha pronta, entregue e veiculada fica retido pelo então Plano Collor. Desespero generalizado, a democracia retornava bem aos tropeços. Mas para Sebastian o sucesso da campanha foi tanto que o convite para permanecer no personagem lhe traria uma mudança completa em sua carreira com um contrato nos 20 seguintes. Mesmo diante das incertezas jurídicas e financeiras daquele momento, o espetáculo é retomado desta vez no Bar Avenida, com mudanças técnicas sofisticadas feitas só para as apresentações. O sucesso é repetido na nova casa. Mas imprevistos acontecem e justo na noite em que Caetano Veloso e Mercer Ellington, filho do Duke, estavam assistindo, um "blackout" interrompe a apresentação, e o espetáculo é suspenso. Depois de longa investigação, a revelação frustrante da causa: o Iran, que fazia a luz, esticou as pernas para dar aquela espreguiçada na cadeira e esbarra o pé num benjamim caótico onde estavam todas as ligações da mesa de luz e canhão. Gambiarra total, fica claro que "as mudanças técnicas sofisticadas" eram uma percepção um tanto otimista.

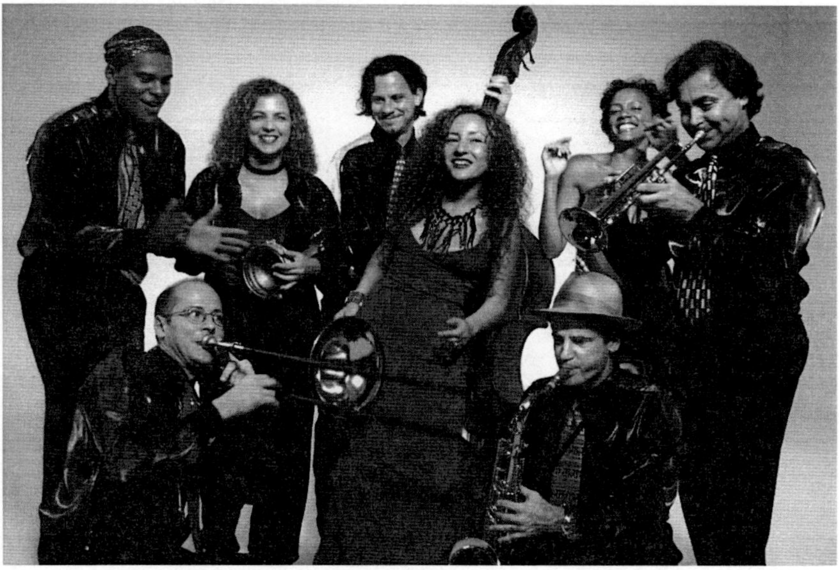

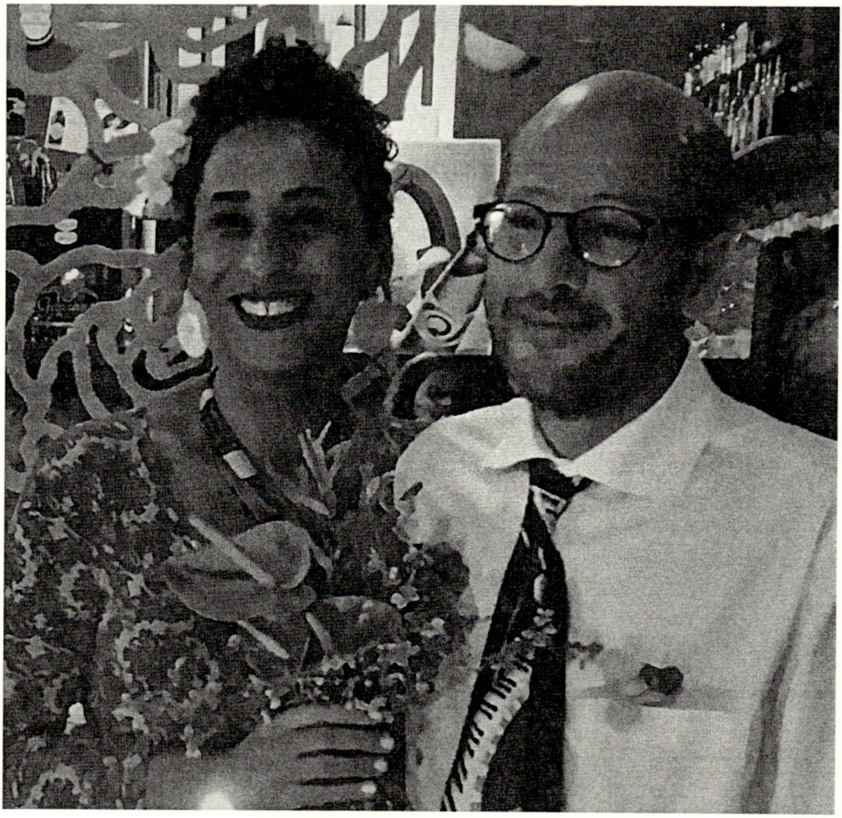

O Festival das Feras

Durante esse período, o Free Jazz Festival, patrocinado pela marca de cigarros Free, já consagrado por trazer todos os anos os melhores músicos do jazz internacional, estava recebendo inscrições de grupos novos tendo em vista a seleção para se apresentar na edição de 1990.

Montamos um sexteto com músicos da banda, Acácio na guitarra e James Müller na batera, se chamaria "Hard Bop & Café".

Mandamos uma fita cassete com uma colagem de composições de última hora, sem muita confiança, e passamos na seleção. Agora teríamos de competir, o que em música é muito subjetivo, pois passa a ser uma questão de gosto. Não é mais um "Vestibular da Canção". Todos ali tocam bem. Mas fomos para a final e passamos! Iríamos tocar com as estrelas do jazz, quem diria.

A insegurança econômica, porém, adia a edição de 90 para o ano seguinte. Não seria desta vez, e, no andar dos acontecimentos, seria muito provável a suspensão deste evento. A mudança de governo em particular mostrava que um novo conjunto de interesses estava se moldando na sociedade e os investimentos em cultura não seriam mesmo a prioridade. Não estava claro que seria uma crise temporária. Ainda assim, a democracia estava de volta e merecia crédito e confiança.

O Bar Avenida se tornou o reduto das bandas para dançar. Mexe Com Tudo fazia uma gafieira moderna para

800 pessoas aos domingos, com fila de espera. A banda do Azevedo, trombonista, tocava também às quartas um repertório elaborado de big bands tradicionais.

As apresentações do musical Emoções Baratas abriram um segmento grande de público e deram notoriedade privilegiada para a banda.

O mesmo Patrício Bisso, ator argentino e autor da capa do Sossega, tinha uma carreira de monólogos com personagens estereotipados, e um deles era Olga del Volga, uma sexóloga russa amiga de Freud. Num desses espetáculos, convidou a banda para acompanhá-lo cantando com forte sotaque argentino suas versões em português de clássicos. Fizemos toda a temporada vestidos de divas russas, carregadas no batom, colares e turbantes, imersos no caos das trocas de trinta vestidos do personagem principal, brigas nos bastidores e acidentes na plateia. Porém, Bisso era muito engraçado e talentoso. Cheguei a fazer três espetáculos com ele. Substituí Roni Stela em BBB, "Bisso Black and Blue", fazendo as cantoras negras de jazz famosas, Olga del Volga e Bissolândia com personagens da Disney. Sempre havia um barraco qualquer por causa de sua intempestividade incontrolável, típica de portadores de muita genialidade, mas as piadas sempre inteligentes recompensavam.

O repertório do Ellington estava encaminhado, e poderíamos abrir outra frente para retornarmos ao baile, em que éramos bons na época do Sossega.

O Retorno da Salsa

Guga e George viajam para Nova York e trazem um tema interessante que une glamour e festa: As noites do Blen Blen Club do Palladium, de Nova Iorque dos anos 40, quando as big bands começam a ser influenciadas pela música trazida de Cuba com Chano Pozo pelas mãos de Dizzi Gillespie. Transportar "The Mambo King`s play songs of love", livro biográfico de Oscar Hijuelos sobre esse período para a noite paulistana.

Uma boa relação com o Aeroanta foi suficiente para uma vez por semana o "Palladium" ser teletransportado no tempo e no espaço. Então um repertório mais específico de salsa e merengue, com os quais eu e Guga nos identificávamos na época do Sossega. No meu caso, uma oportunidade para escrever arranjos. Novos músicos para compor a banda, agora com um cantor, Hamilton, é claro, e James Muller na batera, Dinho Gonçalves nas congas e Marquinho Tessari nos timbales.

O baile teve certa dificuldade para pegar, era domingo, a salsa ainda era muito desconhecida, mas fomos em frente. Uma forte presença da colônia latina me inspirava a arriscar os primeiros passos da salsa, útil inclusive para compreender melhor a "mística" rítmica que envolvia a clave e os tambores. E aquele baixo que nunca tocava no tempo forte. Mais fácil para dançar que o samba, a salsa tinha passos no tempo forte e os graves da música no contratempo; já o samba tem tempo forte na música e contratempo nos pés, mais difícil portanto, opinião compartilhada por uma dançarina, a Dedé, minha esposa.

Nos discos que ganhei dos peruanos, por exemplo, conheci outros artistas e músicas. Oscar De Leon, Luis Perico, Cheo Feliciano, Hector Lavoe, Ray Barretto entre outros. Vem a confirmação da participação do Hard Bop & Café, em 91, no Free Jazz Festival, como prometido, e começamos a preparar o show.

Logo surge a proposta do segundo disco pela Eldorado, que chamaria *"Blen Blen Club"*. Eu e Guga saímos no arranque da oportunidade de tentar traduzir neste LP tudo o que acreditávamos fundamental na salsa: as melodias, as letras contando crônicas ou sagas com temáticas libertadoras, os metais, coro e interlúdios esquizofrênicos, uma atmosfera quase megalomaníaca de cordas, sopros, percussões e vozes. Nem todos tiveram tempo de opinar sobre o processo de trabalho que começava a se desenhar e criou-se um desgaste, levando à saída de Luiz e George. Mas gravaram. A presença de um congueiro porto-riquenho, Ritchie Flores, para gravar todas as faixas, deu uma injeção de ânimo na busca pela linguagem que a gente perseguia e brindaria as composições originais:

> *"Destino já estampou a cor do menino,*
> *E disse um Deus: toque o tambor ó Latino,*
> *Lute boxe, vai trabalhar clandestino,*
> *Ponha uma calça de linho, e abrace o seu Pelourinho.*
> *Açoitado o negro amava o seu algoz,*
> *Enquanto o santo ele ofertava a sua voz.*
> *A alforria e a matança, de onde vem?*
> *Eu ainda era criança mas lembro bem".*

Edsel Gomez, pianista, também porto-riquenho, que morava no Brasil, seria o produtor musical. As gravações são no Estúdio Veridiana, na rua de mesmo nome, antigo estúdio da RCA. As sessões eram incríveis com a presença de Ritchie, pois nunca testemunhamos tanta energia para tocar as congas. A conga na mão dele era realmente um outro instrumento. Ele era uma estrela internacional, tocava em um grupo de música latina organizado pelo ator cubano Andy Garcia, crítico do regime e apaixonado pela música. James, Caribé e Jetter piravam nas primeiras tomadas, e Edsel e ele escolhiam os ritmos para adequar cada arranjo à linguagem autêntica. Atílio, lá do IMEP, gravou coro junto comigo e Roberto Córdoba, amigo e compositor chileno que estava por aqui, na música título do disco, minha e do Guga. Como Edsel estava também tocando no Hard Bop, gravamos ainda uma versão em salsa instrumental de "Eu Vim da Bahia", do Gil, como participação no LP.

O disco sai como imaginamos, e, como eu estava participando em todas as sessões de mixagem com Waltinho, o técnico de gravação, fui escalado para levar a fita master junto com o Guga para o Rio e acompanhar a masterização digital recém-introduzida no Brasil. Gravamos em analógico, duas polegadas, num gravador enorme e mixamos em uma fita DAT do tamanho de uma caixa de fósforos. Incrível.

No Rio, a surpresa em ver todo aquele trabalho nas mãos despreparadas dos técnicos que já não tinham sensibilidade para processar o que não fosse pop, e ainda o desconhecimento sobre o novo suporte digital era evidente. Mas a masterização digital se firmava como o caminho sem volta para a versão em CD mais adiante.

Na saída do Rio, em uma pequena passagem por Botafogo, casa do meu pai e Marília, fã desde o Sossega, ganho um Havana Club de presente, que é tomado na própria garrafa nos fundos do Electra de 4 hélices da ponte aérea.

O Palace, uma casa de shows enorme, em Moema, onde os grandes shows eram realizados, era palco também anualmente do Free Jazz Festival, e esse ano não seria diferente. Lá foi, nessa noite, o palco do Hard Bop & Café que abriria a noite para Wynton Marsalis Septet, Jimmy Smith e Ahmad Jamal. Um momento de glória que foi honestamente retribuído por uma apresentação superpreparada, elegante e à altura do evento. Afinal, 10 anos depois da estreia no Lira Paulistana, lá estou eu entre as estrelas. Zuza Homem de Melo, que foi um dos jurados do Freesom, odiou, decepcionado pelo fato de não constar no repertório nenhuma música conhecida do jazz. Tocamos composições do grupo, boas músicas, mas o mundo do jazz também tem seus caprichos. Uma milagrosa fita cassete gravada pelo Roque Correa, técnico de som que sempre nos acompanhava, é a prova de que esse dia existiu.

Prova de Fogo

Possi, depois do sucesso do Emoções Baratas, é convencido a fazer o musical agora caribenho "Mucho Corazón", nome do bolero de Benny Moré cantado pelo Sergião nos bailes, a ser montado no Avenida. Banda, elenco de bailarinos, Misty e Hamilton cantam. O sucesso se repete em parte, a resistência ao universo da latinidade ainda é latente. O apelo daquilo que é norte-americano é sempre mais forte Os laços que unem a história das culturas da América Latina são muito maiores do que os da América do Norte. Mas os massacres aos indígenas e aos africanos escravizados foram os mesmos. Porém é triste admitir que a música mais interessante do mundo no século XX surge dessa destruição. O jazz, a salsa e o samba, todos evidentemente com seus derivados ou primos próximos.

O *know-how* do Emoções trouxe resultados. Numa dessas apresentações, Chucho Valdés, líder do Irakere, foi nos assistir e se impressiona com "Atrevimiento". Uma rumba, Guaguancó, do seu repertório, com muitas partes de metais e coro, a letra sobre uma incessante irritação de um homem com sua parceira. Além disso, como parte do repertório, músicas de Benny Moré, o cantor mais importante de Cuba dos anos 40 e 50. Pronto. O convite para ir a Cuba é feito por Chucho, ali mesmo, nas suas atribuições como ministro da Cultura de Fidel. Cuba era o tabu que todo mundo cultuava ou para amar ou odiar. Nem um nem outro sabia exatamente por quê.

Nós, diferentemente, éramos totalmente envolvidos com a história e a cultura de Cuba, mas também tudo o que envolvia a denominação salsa e a sua origem no movimento surgido em Nova Iorque, em 73, com o encontro de bandas latinas para um festival inspirado em Woodstock. Cuba tinha uma reputação de excelência no ensino de música derivada da escola russa. Era no mínimo respeitável e tínhamos bons exemplos disso. Eu e o Caio Mamberti certa vez tentamos ingressar no Instituto Superior de Arte, o ISA, através da Associação Jose Martí, aqui no Brasil, mas imediatamente desencorajados, pois o ensino gratuito para estrangeiros privilegia países pobres, o que era compreensível. Telmo, dono do Bar Avenida, trata logo de alugar o bar em frente, ao lado do Vou Vivendo, do compositor Eduardo Gudin, e monta o Le Havane, com ambientação que remete à capital da ilha, onde passa a vender charutos e Caribean Club Carta Plata, proveniente do intercâmbio comercial que surge de repente em virtude do desaparecimento da União Soviética. É um sucesso também no início. Entre os que amam e os que odeiam, não faltaria freguês. É nesse momento que um grupo de jovens músicos cubanos, com uma cantora, desembarcam no Brasil, em São Paulo, trazidos por um advogado brasileiro para uma excursão.

    Mas algo dá errado quando o advogado, na verdade, estava interessado na cantora; a banda se desfaz, muitos retornam, mas dois resolvem ficar. José Cisneiros (Pepe) 18, e Felipe Lamoglia, 19 anos. Excelentes músicos, piano e sax. São acolhidos por Arismar e depois pelo pianista Fabio Torres.

    Ao nos conhecer, ficamos muito próximos e, quando surge a viagem à Cuba, nos pedem para levar caixas de mantimentos para as respectivas famílias. O fim do apoio da Rússia não significou o fim do bloqueio dos EUA, e a situação lá era terrível. Desembarcamos no Aeroporto José Martí, em Havana, sob olhares desconfiados da rígida fiscalização da alfândega, com 10 caixas "para consumo próprio" de dezenas de sabonetes, calcinhas, garrafas de óleo de soja e xampoos, mas conseguimos. Eu levei uma câmera 16 mm, a corda Paillard Bolex de 1950, e fotômetro Lunasix dos anos 70 com negativos de filmes vencidos há 13 anos. Ficou tudo genuinamente documentado dentro da atmosfera dos anos 60, que foi quando a arquitetura e a frota de automóveis estacionou. A sensação permanente do estado de alerta e ao mesmo tempo uma decadência inevitável ocasionada pelo abandono das duas potências. Mas a dignidade era latente, e o boné da Nike desfilando na cabeça de Jether, o pianista, pelo centro de Havana numa caminhada até a van, chama a atenção de um jovem de bicicleta que avisa previdentemente sobre o risco de ser roubado da sua cabeça. Já o pouco caso com o alerta, talvez pela sensação de estar em maior número, não evitou que o mesmo jovem, desta vez sem aviso, tirasse o boné da sua cabeça num truque de quase ilusionismo. A marca emblemática do capitalismo não iria ficar desfilando impunemente. Foi um duro mas pertinente recado.

    E a hospitalidade das pessoas se cristalizou na figura do médico do hotel Flamboyant, em Cienfuegos. Todo atencioso aos desconfortos que Joana D'Arc, minha companheira, repetidamente tinha durante os três dias, e expirado o prazo para que aquele fármaco à base de azeite surtisse efeito, me comunica que é imprescindível minha presença na portaria. Era para empurrar o Lada sem portas que iria levá-la urgentemente ao hospital, onde, chegando, somos recebidos por uns quinze médicos desocupados que prontamente se amontoam para dar seus diagnósticos. Enquanto ela se irrita com o exagero de tanta atenção dispensada, eu reflito sobre o contraste entre a escassez dos medicamentos, a quantidade de médicos e a falta de enfermos. Agora sim, isolada econômica e politicamente no mundo, o bloqueio econômico norte-americano a Cuba abre seu sorriso mais perverso condenando o único país que se libertou da servidão e conquistou legitimamente o grande salto civilizatório no acesso a todos os direitos reconhecidos pela própria Declaração Universal de 1948 ao ostracismo e à degradação por puro capricho imperialista. Mesmo assim, no ambulatório, só Joana, um bêbado e um outro com a perna quebrada, comprovando que uma Educação para todos é saúde preventiva também.

Mas em resumo, ótimas apresentações, viagens para os locais das apresentações em um ônibus dos anos 50 ouvindo boleros na voz de Benny Moré e a descoberta da riqueza cultural sólida e robusta daquele povo e sua resistência naquele período catastrófico. Os grupos tradicionais, Los Naranjos, em Trinidad, os jovens pegando carona ilegalmente com a gente fazendo com a voz os instrumentos da rumba, o majestoso Teatro Terry em Cienfuegos, a Casa da Trova, a Nueva Trova, os tambores de Batá e sua liturgia, as escolas de música, seus excelentes músicos, Manolito y Su Trabuco tocando no hotel Presidente. Dividimos palco com Los Van Van com direito à canja do Hamilton, conhecemos Generoso Gimenez, arranjador de Benny Moré e juntos demos goles de Matusalem, um *"ron"* 18 anos, fumando Cohibas. A volta foi triunfal, os rapazes cubanos aqui seriam agora parceiros e músicos inseparáveis.

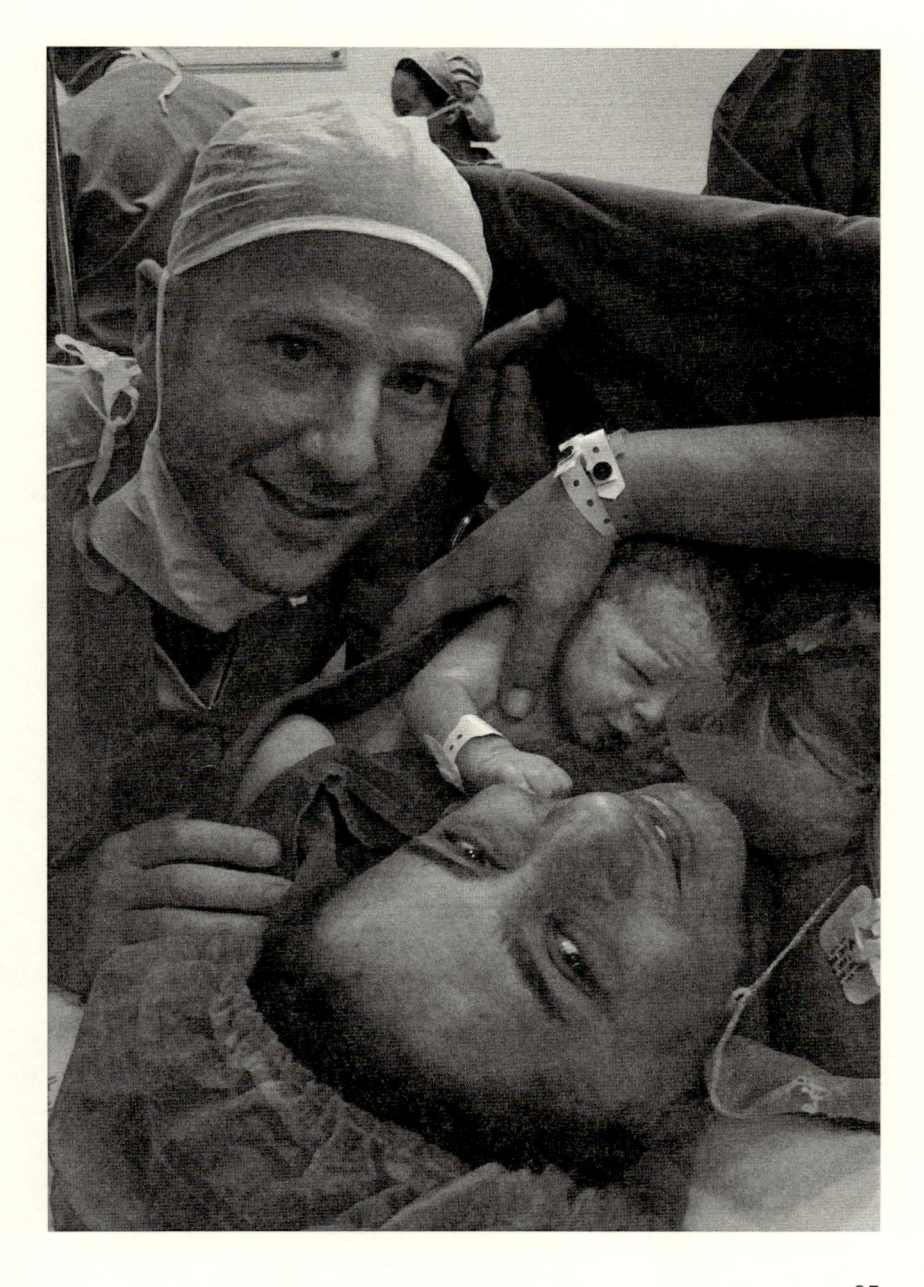

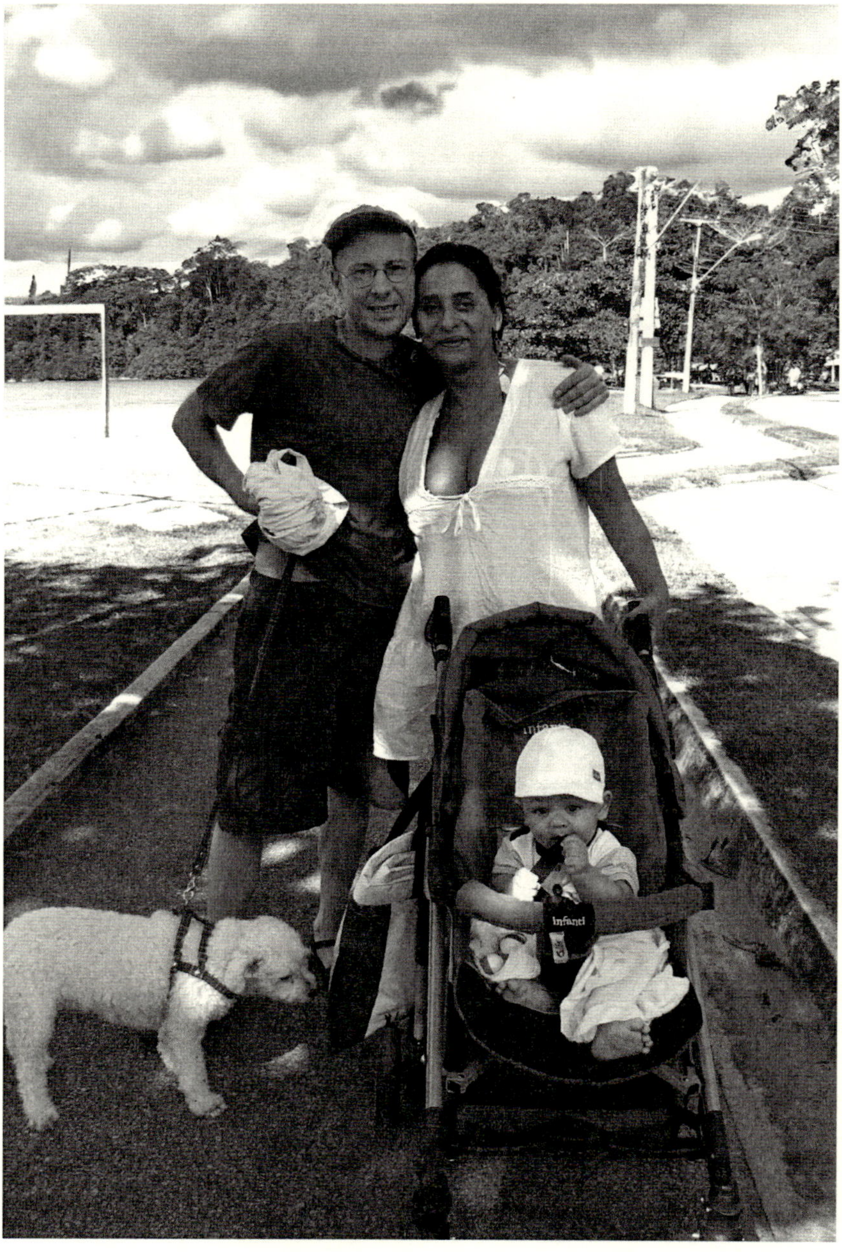
infanti

Teatro e Cinema

Eu morava com Joana e Sereno, meu enteado, no mesmo prédio do Estúdio Veridiana em que gravamos o "Blen Blen". Nesse apartamento, montei um pequeno estúdio de gravação de 3 m por 1,5 m. Lá encontrei ainda espaço para instalar um gravador Fostex de 16 canais com fita de 0,5 polegada que eu e Guga compramos usado, com a grana de um comercial que a banda fez para o lançamento de uma televisão da Gradiente, TV Next. Neste comercial, também fomos atores e fizemos a trilha para a campanha inspirada em Duke. Nesse quartinho gravei também os primeiros trabalhos de trilha, como para o longa de Sérgio Bianchi, *A Causa Secreta* e *Efeito Ilha* de Luiz Alberto Pereira. Aline me apresentou à Tunica, sonoplasta de teatro requisitadíssima que eventualmente precisava de uma trilha original ou alguma montagem musical específica e passou a me encomendar trabalhos. A atividade com música ligada ao teatro e ao cinema começa a engrenar e ingresso numa nova forma diferente de trabalhar com música. Só. A perspectiva profissional em torno da carreira de instrumentista é frágil, mesmo para quem se especializa no instrumento, que não era o meu caso.

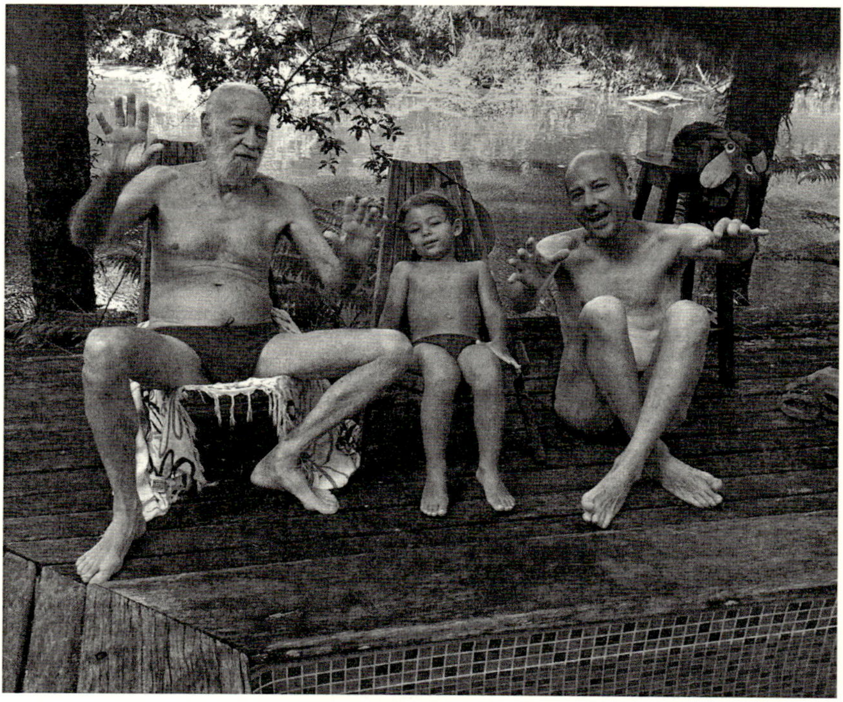

Trabalho Solo

Um músico "fera", que não era o meu caso, evidentemente tem mais chances de trabalhos bons, o que não significa qualidade. Nessa época, muitos desses músicos estavam trabalhando com artistas famosos, do pagode ao sertanejo. Agenda repleta de shows, na maioria das vezes viajando de ônibus, e o artista de avião, porém em detrimento da eventual falta de conforto, o sacrifício é compensado por cachês regulares e robustos, mas artisticamente você fica fora do circuito de apresentações onde sua qualidade é realmente notada. Mas faz parte da profissão. Enfim, pérola aos porcos. Eu poderia trabalhar com música sem precisar apenas tocar. E tocava, e sempre toquei em grupos e trabalhos que ajudei a formar. Colocava o trombone com frases de improviso nos mais variados estilos. Isso eu sabia fazer bem. Estúdio em casa, estúdio no térreo, eventualmente descia de chinelos e pijama algumas vezes para gravar. Carlinhos do Cavaco e Jerry Adriani foram alguns deles.

O Carlinhos era um compositor de sambas bem comportados e bonitos. O trombone "surfava" nas introduções e solos livres. Mas o Jerry era incomum. Uma homenagem ao rock jurássico de Bill Haley, que antecede a Bossa Nova. Um solo improvisado em "Rock Around the Clock". Geralmente é um sax esganiçado. Mas o trombone tá lá. Ficou bem legal. Também incomum e muito bem-vindo foi o convite que veio de Zé Miguel Wisnik, terminando seu CD ao lado de Luiz Tatit, em que me pedem um arranjo de metais para um híbrido de merengue com samba de bumbo e violões. Escrevi e toquei ao lado do Gersinho Galante no sax e do Faria no trompete. Uma honra gravar com eles. A composição era uma elegante resposta a uma crítica do jornalista Luís Antônio Giron, na Folha de São Paulo, que punha em xeque a capacidade de um acadêmico da USP ser um artista de vanguarda ao lado de Caetano Veloso. Zé era um exímio pianista especialista em Chopin, o que ficava claro em suas composições arrojadas na harmonia. Eu gostava e apreciava muito o disco da Ná Ozetti com músicas e letras suas e ia aos shows. Ele transitava musicalmente um pouco naquele ambiente que eu enxergava em Alberto Caribé como um caminho inevitável na evolução de melodias e harmonias na MPB. A música brasileira estava precisando reforçar a corrente de uma música elaborada e moderna como sempre foi. Luiz Tatit dispensa comentários, pois era o mentor intelectual do Grupo Rumo, cujo nome sugere o compromisso em dar seguimento ao desenvolvimento de novas formas para a música brasileira. Estudioso da técnica de João Gilberto para cantar e encaixar as sílabas e frases nos acordes, era dono de um extraordinário talento para colocar uma poesia moderna em letras geniais. A gravação dessa música dos Mestres Cantores, no entanto, era com um espírito mais popular, alegre e até dançante, uma característica dos trabalhos em que eu era conhecido, por isso me chamaram talvez.

Nos bailes do Avenida, um grupo inseparável de bailarinos de dança afro marcam presença todas as quartas, e numa delas, com a canja do Skowa, eu cochicho para o Guga:

— Vamos contratar eles já, antes que o Skowa contrate!

Depois do Sossega Leão, Skowa montou a banda Máfia, que buscava uma sonoridade black e dançante. Estava focado nos movimentos do rap e hip hop e em suas memórias do samba rock. Para isso contava com cantores dançarinos negros, Bukassa Kabengele e Che Leal, que era um menino da época do Equipe, mais novo que eu, e que apresentei ao Skowa no boteco em cima do Lira Paulistana num final de show qualquer anos atrás. Seus olhos brilhariam para os bailarinos naquela noite. A dança afro era muito forte e dava um encantamento especial à apresentação.

A Tribo passou a integrar a banda, e com DJ, os roadies e o Sidão, empresário, mais a cantora que agora tínhamos, Andreia Marques, atriz e cantora do espetáculo em cartaz Noturno, de Oswaldo Montenegro, a equipe ficou imensa.

Mas estávamos bem. O baile lotava e a agenda em torno desse sucesso aumentava. Não paramos de tocar jazz, fazíamos apresentações com as cantoras ou convidados e agora o samba, o samba-reggae e o forró se juntavam à salsa, ao merengue e ao bolero.

As canjas cresciam, os artistas em temporada por São Paulo caíam lá no fim dos shows, começo do nosso, e subiam no palco. Melodia, Tim, músicos do Ray Charles, músicos do Free Jazz e amigos dos palcos da noite. O camarim era um capítulo à parte, disputado por tietes, amigos músicos, esposas e bicos. A cerveja abundante e também um excelente lugar para contornar as "proibições decorrentes das equivocadas ideias que as autoridades faziam das liberdades individuais", uma bela justificativa.

Mas o abuso dos frequentadores era comum. Numa dessas ocasiões, o número de penetras era maior que o de músicos, e eu me levantei e fiquei pelado como se estivesse escolhendo a cerveja mais gelada da geladeira de cima a baixo e instantaneamente as visitas indesejadas desaparecem. Sensualidade não devia ser o meu forte.

Prova de Fogo II

Wynton Marsalis, em visita ao Brasil depois de uma apresentação no Bourbon Street, casa de São Paulo sedimentada no blues e no jazz, surge no palco com seu trompete Monette e se arrisca a dividir comigo o solo de "Maracangalha", de Dorival. Batida rápida, vira tudo linguagem de jazz, cabe tudo e, claro, estraçalhou. Mas ele se surpreendeu com a banda. A nossa química estava na junção de boas ideias e pessoas. Bailarinos que subiam no palco, dois cantores espetaculares, um repertório de músicas boas, conhecidas ou não, e os arranjos, mesmo nas brasileiras, tinham aquela loucura que a salsa nos mostrou.

A canja de Wynton se estendeu à casa do Guga, um lugar de encontros musicais frequentes, e nos presenteou com uma longa explicação sobre a "balada", um jazz lento com um andamento difícil de manter e, mais uma vez, caímos nos improvisos em "Estamos aí", de Maurício Einhorn, em samba mesmo. Lá, certa noite, estavam de uma vez só Milton e Wayne Shorter fazendo degustação de aperitivos num encontro informal. O *Native Dancer*, LP de 1974, em peso.

A marca "Heartbreakers" estava cristalizada para a mídia e o cenário musical de São Paulo. Casamentos, inaugurações, aniversários chiques, bar-mitzvah. Inclusive, no evento de lançamento da pedra fundamental do Centro da Cultura Judaica, até o então prefeito Paulo Maluf dança a Hava Nagila abraçado com Henry Sobel, presidente da Congregação Israelita de São Paulo, ao som da banda, às 8 horas da manhã, na av. Dr. Arnaldo. Um feito admirável sem dúvida.

Embaixadores da Noite

Na agenda da banda, uma apresentação com Zizi Possi, que havia participado do primeiro LP da banda cantando Ellington, no Teatro do Sesc Pompeia. Um show muito cuidado, a banda estava muito integrada. Nesse momento, uma proposta de Zé Maurício Machline, produtor cultural e patrocinador do Prêmio Sharp de Música: nos convidou para fazer os arranjos e gravar um disco do Cauby Peixoto cantando Frank Sinatra. Foi uma bomba. Liberdade total para escrever e arregimentar, além da banda, outros músicos. Walmir Gil, Françoise, trombonista da Mantiqueira, Proveta, Tennyson, Pepe e Filipe de Cuba, cordas e Edson José, o arranjador da homenagem a Dorival, regendo. Eu fiz cinco arranjos para uma pequena orquestra. Sergião e Duca França arranjaram também. Zé Luiz Mazziotti na produção musical, e contaria com as participações de Emílio Santiago, Caetano Veloso, Nana Caymmi, Daniela Mercury, Dionne Warwick, Gal Costa, Ney Matogrosso, Rosa Maria, Zizi Possi e João Bosco, que roubou um solo de trombone que eu fiz em "Night and Day" fazendo a citação de "Chovendo na Roseira" com a voz, numa homenagem a Tom Jobim. Sinal de aprovação. Foi realmente um salto para a banda, com toda a credibilidade do nosso profissionalismo posto à prova. Estava na hora de fazer um movimento, alguma ação para marcar aquele momento. Criamos um grupo de trabalho que começou a detectar o cenário das noites. O Vento Forte, um espaço cultural nos Jardins, estava interditado para música por conta de reclamações da vizinhança, então as bandas Mistura & Manda e Edwin Pitre & Son Caribe estavam sem lugar. Marília Furtado, a dona do prédio da antiga Admiral, depois Gazeta de Pinheiros, estava com o enorme prédio de 3.000 metros quadrados à venda; e ainda Telmo e seus sócios do Avenida, em plena lua de mel com a Cervejaria Brahma, parceira na primeira Cervejaria Continental das três. Nós estávamos no comando das noites com um bom relacionamento com os artistas e um contrato da Rádio e Selo Eldorado. O momento era de otimismo e prosperidade com o novo plano econômico, com o dólar e o real falando a mesma língua. Juntamos as pontas e fechamos um grande projeto: O Blen Blen Club, que no início se chamaria CCOPR, uma alusão à CCCP ou URSS, como Comitê Central das Orquestras Populares Revolucionárias. Os sócios do capital acharam provocador demais no ano de eleição em que Lula e Fernando Henrique disputavam. A estética influenciada pelo realismo socialista remeteria à ideia da ascensão dos músicos a proprietários dos meios de produção. Blen Blen Club era o nome do disco e de música, soava mais convidativo. Pena. Perdemos o que poderia ser a coroação da ideia. Mas o Brasil ganhou a Copa.

 Reunião na Eldorado em que tentávamos uma parceria com a rádio na divulgação, soubemos na antessala que João Lara Mesquita precisava de um programa de rádio na faixa semanal junto com Jô Soares, Diogo Pacheco e Nelson Motta. Entramos na sua sala e imediatamente afirmei:

 — Temos também um projeto para um programa

sobre a música das três Américas, um sobrevoo pelos continentes com reportagens locais e entrevistas.

Assim me dirigi a João Lara demonstrando completa propriedade pelo que estava oferecendo, na verdade um programa que acabara de criar num insight durante os segundos em que nos deslocávamos até seu encontro. Tivemos durante um ano programas semanais às terças-feiras, com gravações e entrevistas que havíamos feito em Cuba num gravador minicassete, e aqui com Wynton Marsalis, que já era agora mais próximo da banda. O Latitude foi mais uma vitrine para o grande projeto que estava por vir.

Nas obras de reforma do antigo prédio da Admiral, imponente, com espaços abundantes que remetiam a uma época em que espaços não eram problema, notei que um ambiente pequeno meio fora do conjunto principal, desprezado pelo Telmo Côrtes, o agora sócio, poderia ser aquilo que sempre imaginara como uma cópia ao estilo do Bar dos Amigos do Museu de Arte Moderna de São Paulo, na av. São Luís, onde meu pai costumava tomar uns drinques com os amigos também discípulos de Paulo Emílio Salles Gomes. Segundo ele, lá se tomava um "uísque honesto, meu filho." Tratei de obter do Telmo a garantia de que poderíamos ocupar aquele espaço como uma espécie de clube privê talvez, para a audições e discussões sobre música, um pequeno palco e bebidas para os músicos. Quando Telmo se deu conta, comprou a ideia, meteu um piano de cauda no palco, duas mesas profissionais de snooker, um lindo balcão de bar e batizamos de HB Club. Um dia antes da inauguração, Milton Nascimento, que estava em São Paulo, e Cauby são convidados a conhecer o lugar, e "batizam" o clube. No começo da semana fazíamos o repertório de jazz, também dividindo o palco, às vezes, com os Américos Latinos de Caio Mamberti nas congas, Antonio Barker no deslumbrante piano e Marcelo Calderazzo no elegante baixo acústico. Música brasileira instrumental com a "pegada" das congas. Às sextas, à meia-noite, dois bailarinos da Tribo subiam no palco vestidos de orixás fazendo as danças e lutas ao som dos tambores de Anderson e metade da plateia, se sentindo visivelmente incomodada com a magia e a força daquelas performances, se retirava discretamente. O nítido desconhecimento de uma expressão da cultura das nossas origens, velada por clara ignorância e preconceito. Mas era medo mesmo. Até Daniel Gomez, um amigo cineasta para quem eu estava trabalhando, um argentino robusto e esclarecido em cultura, fingia que ia ao banheiro. O projeto central era juntar as bandas de repertório dançante, de várias matrizes africanas, levar seu público ao último quarteirão da rua Cardeal Arcoverde e encher com 1200 pessoas, pelo menos três dias por semana, para pagar os custos de licenças, funcionários e aluguel mensais. No palco, Mistura & Manda aos sábados e Edwin Pitre, um panamenho que morava em São Paulo e tinha sua própria banda de salsa "Son Caribe", às sextas. O DJ era Fernandinho Rozzo, grande amigo dos tempos do Lira Paulistana e Sossega. A decoração era com motivos caribenhos e musicais. O camarim era o negativo, no piso inferior com os mesmos 700 m^2, onde cada banda tinha sua sala para ensaio e camarim. No térreo, estacionamento terceirizado. O patrocínio da Brahma. Agora músicos e sócios do negócio. Às quartas, bombando no Avenida; às terças, jazz no HB Club. Em pouco tempo, preenchemos as sextas, para o descontentamento de Edwin Pitre, na tentativa de levar mais público, pois o retorno financeiro era urgente. Bombamos. Chico César faz uma temporada às quintas, Mestre Ambrósio, Tribo de Jah e outras bandas passaram por ali.

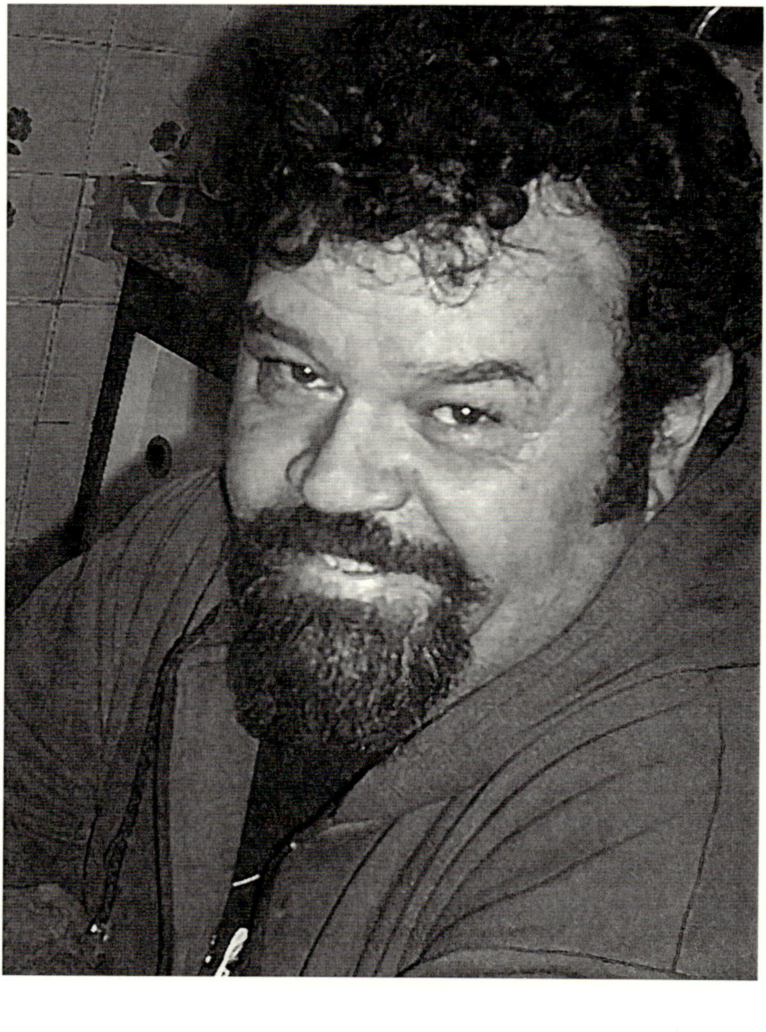

A Crítica de Um Mestre

Daniel Gomez, o cineasta argentino, tinha acabado de fazer seu primeiro curta-metragem. Foi assistente de Babenco em "O Beijo da Mulher Aranha" e "Brincando nos Campos do Senhor". No curta, Fernando Alves Pinto era um "boxer" insistentemente nocauteado pelas etapas da sua vida, a mãe, a escola, a namorada, o trabalho e até pela sua própria sombra. Filmado em preto e branco, tinha um elenco de personalidades começando por sua ex-mulher, Regina Duarte, e também Kito Junqueira, Ivald Granato, Wesley Duke Lee, Maureen Bisilliat entre outros. A trilha foi encomendada a Hector Costita, também argentino, que tocava com Raul de Souza no LP *Bossa Rio*, do Sergio Mendes, mas com o prazo de produção acabando e sem tempo Hector joga a toalha. O montador Ricardo Parente, do longa *Efeito Ilha*, me indicou. Sob os olhares desconfiados ele me mostra o copião. As imagens bem cuidadas daquele insólito lutador frágil e sem sucesso em um ringue me sugestionou imediatamente a ideia de um violino. Freud seguramente faria uma boa análise dessa inter-relação. Aliás, um divã aparece na cena final. Mário Caribé no baixo, Fábio Tagliaferri na viola de arco, eu no trombone e Sérgio Burgani na clarineta perseguimos o personagem em suas desavenças com a vida. Eu e Daniel ficamos muito amigos. Numa das projeções, durante a temporada de lançamento no Cinesesc da rua Augusta, Arrigo Barnabé elogiou a trilha sonora a Daniel Gomez. Uma opinião muito importante para mim, que via nele um artista extremamente ousado e original.

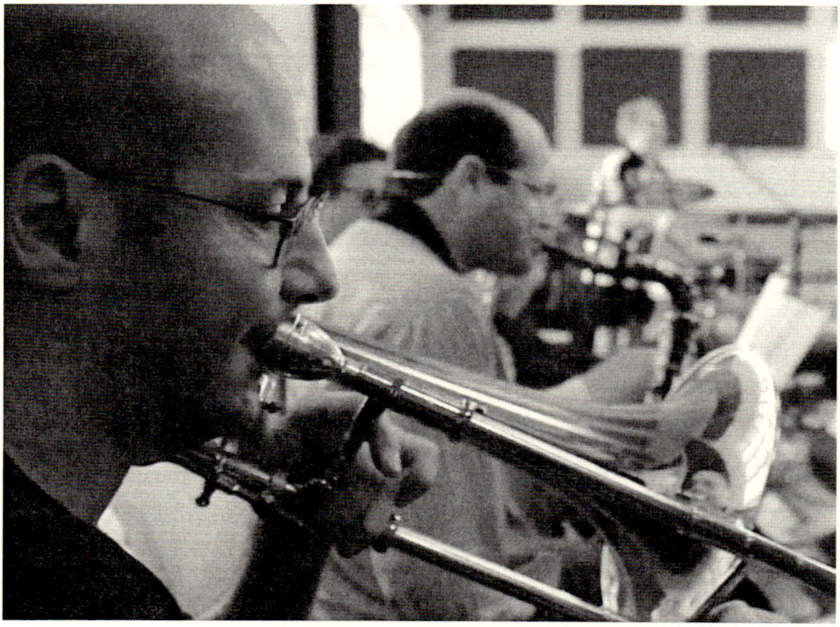

A Cúpula do Partido

1995. Tita Dias, então militante do PT, me convidou para tocar o Hino Nacional no aniversário de 15 anos da fundação do partido. Eu tinha uma aproximação com o partido e uma admiração que vinha dos primórdios das manifestações para as Diretas Já, para a anistia e de também presenciar os encontros de seus membros no Equipe para as primeiras reuniões, afinal Genuíno dava aulas no cursinho. Vi nessa época os helicópteros do exército sobrevoando a quadra da escola quando Lula foi preso em 1980, pois fora trazido para um quartel na av. Brigadeiro Luís Antônio atrás da minha escola. Em 94, emprestei meu par de caixas de som para o comitê do PT da rua Eduardo Prado, onde Joana trabalhava em plena campanha das eleições para quem sucederia Itamar Franco. Eu tinha uma formação de esquerda, meu pai foi perseguido na ditadura por dar aulas de cinema em Brasília, a foto do amigo da família que frequentava nossa casa, apareceu estampada numa capa de revista estrangulado por uma gravata, simulando porcamente um suicídio; xerocopiei, no balcão do arquivo do Estado na rua Voluntários da Pátria, as fichas de cartolina sobre meu pai que estavam no Dops, batidas à máquina e cheias de correções, que continham informações mais irrelevantes e estúpidas possíveis que justificasse um policial qualquer à paisana o seguindo pela cidade, para ele conseguir obter uma aposentadoria que contasse o período em que foi expulso da universidade em que dava aulas. Fui, portanto, testemunha desse período de desmonte dos direitos e da civilidade. A transição entre os regimes foi francamente um acordo barato em que o lema "uma grande mudança para tudo continuar como está" caberia perfeitamente. O PT, naquele momento, era finalmente um lugar de repouso para os anseios pelas mudanças urgentes fundamentais.

Nas salas subterrâneas da assembleia legislativa de São Paulo, estava Chico César com seu violão.

— Muito prazer, eu sou o Matias e vou tocar o Hino Nacional com trombone à capela e você?"

Foi a primeira conversa com ele.

— Vou cantar a Internacional Comunista!

E rimos. Na hora, quando anunciaram o hino, todos os fundadores e quadros mais importantes do partido se levantaram, puseram a mão no peito e olharam pra mim. As pernas tremendo visivelmente, o nervosismo, a secura na boca e a respiração descompassada me obrigaram, sem cerimônia alguma, a mudar o rigor solene da melodia e terminar com ornamentos de gafieira que, aí sim, eu dominava plenamente. Aplaudiram.

Programas de televisão, capas dos cadernos de cultura e revistas, convite para gravar dois discos: um de música brasileira, *Hora do Brasil*, com os arranjos já prontos e outro, "Salsa Brasileira", com versões em salsa de músicas brasileiras conhecidas, ainda em fase de produção. Durante as gravações, uma proposta para criar a trilha de abertura da novela "Salsa e Merengue", da Globo, de autoria do Miguel Falabella. Jorge Fernando iria dirigir e pediu para Andréia Marquee, a cantora, se a banda, especializada nos ritmos latinos, poderia mandar uma proposta. Fizemos ali praticamente dentro do estúdio, Carlos Fernando e Bukassa nos vocais, chamamos cordas e apostamos tudo dessa vez. Andreia e Guga fizeram a letra. Era salsa, eu achava, mas seria difícil concorrer com Ricky Martin que levou com "1, 2, 3...". A PolyGram estava bancando o disco. Estava interessada em trazer os produtos latinos para o Brasil. Nem tanto em levar daqui, pois o mercado lá fora só falava espanhol e era extremamente competente e competitivo. Não era esse o interesse da banda, ou pelo menos meu. Lá fora, tinha de ser música brasileira. Mas a salsa estava em um projeto finalmente encampado por uma gravadora. Encomenda da PolyGram, o CD *Salsa Brasileira* era parte da estratégia de colocar o Brasil no mercado latino de qualquer maneira. As músicas brasileiras conhecidas em salsa poderiam atrair o foco e os ouvidos do público daqui para os artistas consagrados, não necessariamente para o ritmo, que ouviriam de carona. Chico Buarque, Paralamas, Carlinhos Brown, Chico César, Gilberto Gil e Milton Nascimento. Liguei para o Chico César e pedi uma autorização informal para gravar "À Primeira Vista", e ele, entusiasmado pela ideia, autorizou. Eu então comecei a escrever toda a estrutura do arranjo em cima da melodia. Gravamos base, percussão e metais. Quando fomos pôr a voz, veio por meio dos produtores dele a notícia de que Daniela Mercury queria gravar com exclusividade, o que significa que perderíamos todo trabalho desta faixa. Não, eu disse. Compus outra melodia em cima exatamente da mesma base que estava gravada, e com minhas novas harmonizações e em ritmo salsa, consegui me afastar da ideia original da melodia do Chico o máximo possível. Guga colocou a letra, Andreia cantou, e "Meu Bem", como foi chamada, ficou ótima. No entanto, dá perfeitamente para cantar outra música por cima, mas com algum esforço.

Oscar de D'León tinha gravado "Que Pena", do Ben Jor, em salsa; Marc Anthony gravou "Madalena", de Ivan Lins, e encomendaram uma versão de "Meu Bloco na Rua" de Sérgio Sampaio, em salsa. Arranjei e gravamos com a Andrea na guia de voz e mandamos. Eu achei ótimo o resultado. Edsel no piano, e um baterista porto riquenho que não lembro o nome.

Créditos pelo trabalho? Jamais. Nada era pago exatamente, viramos uma espécie de tubo de ensaio para ideias distorcidas de latinidade. Era sempre "um investimento" para nós. Foi o último trabalho do Mário Caribé na banda e no Brasil. Em seguida, mudou-se com a família para Edimburgo, Escócia. Zé Alexandre entra para a banda. Mais profissional foi a gravação para o disco da Rita Lee, a faixa "Canalha", um cha-cha-cha italiano dos anos 60. Eu não me incomodava muito. Queria escrever e ouvir soar. Tinha alguma esperança que a salsa pegasse no Brasil, que tivesse um segmento. Nós tocávamos salsa e fazíamos música brasileira também. A música brasileira é muito forte, variada, dançante e admirada, difícil concorrer com samba, forró e axé. Mas a salsa era o nosso diferencial. Seguimos em frente. Nesse esforço para "naturalizar" o ritmo latino nas pistas de dança e no vocabulário corporal do brasileiro, conseguimos produzir uma publicação, na verdade uma fita de vídeo, que ensinava os passos de salsa e de merengue para iniciantes. Entender a dança iria aproximar as pessoas dos ritmos, e então, das músicas, letras, arranjos...

A Tribo teve um papel fundamental neste projeto. Aí agora poderia ver um trabalho meu numa banca de jornal, onde eram vendidas as fitas, no mesmo lugar em que as estrelas de jazz, da musica clássica e da MPB fizeram suas primeiras honras comigo. Estávamos quites.

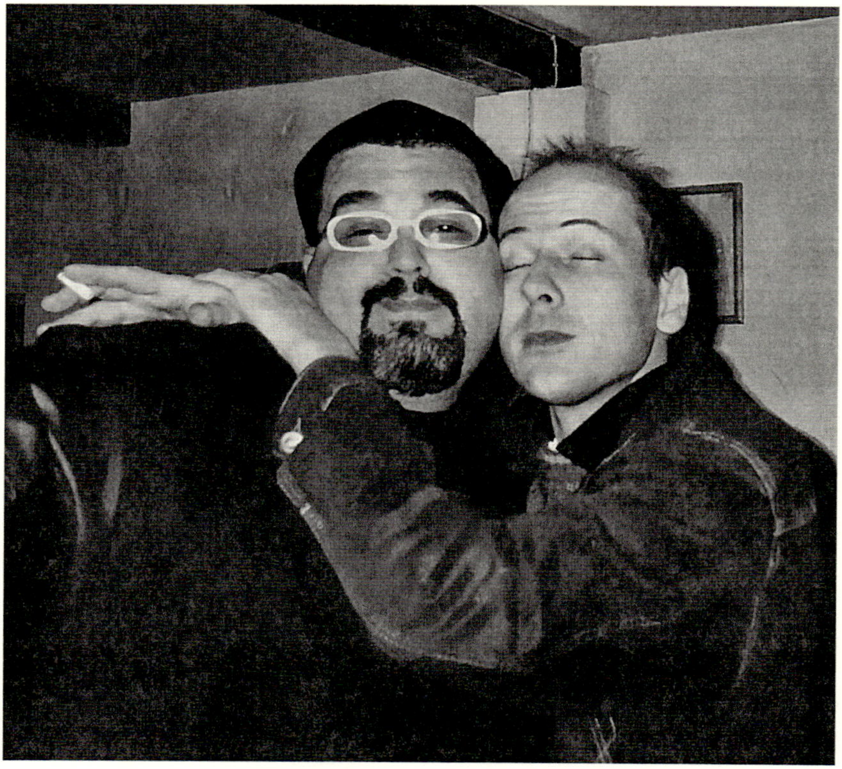

Salsa e Publicidade

Os equipamentos de gravação da minha casa foram para o Estúdio 100, do Sidão, empresário da banda, e do Jorge Grinspum, um enorme estúdio de vídeo e um mezanino para ser ocupado pelos equipamentos de áudio.

Mas o "Electra", como eu chamava o Fostex de 16 canais, foi substituído por um computador com 64 canais digitais. Sem comparação. Uma mudança radical implementada pelo Fernandinho Rozzo, agora parceiro. As minhas habilidades em compor e arranjar criaram uma expectativa em entrar no mercado publicitário que renderia, na nossa cabeça, uma estabilidade rápida e duradoura com orçamentos que ainda eram majestosos. Eu mesmo, volta e meia, era chamado pelo Fernando Meirelles para algum teste de campanha. Fiz algumas. Ao lado, estava o estúdio do Bob Wolfenson, fotógrafo, que entrou e perguntou: alguém aí sabe tocar piano? Eu me atrevi a dizer que tocava, mas não era pianista. Ele logo disse que, na verdade, nem precisava tocar, afinal seria para posar tocando piano no ensaio da stripper Malu Bailo para a Playboy. Bingo. No dia seguinte às 7:00 da manhã, estava no Cambridge Hotel. E as fotos estão lá na revista.

Nosso "departamento" de contatos conseguiu uma conta da DPZ para a campanha do verão para a cerveja Kaiser. O próprio Petit tinha uma letra para o jingle. Meio sem pé nem cabeça eu, com o contorcionismo peculiar para criar melodias improváveis adquirido com os improvisos vocais da salsa, criei a música em uma tarde, gravamos à noite. Aprovada pelo próprio Petit, brindamos aquela vitória com algumas Brahmas. 40.000 dólares iam catapultar o recém-montado estúdio e todos estavam no mínimo felizes.

Mas uma negociação correu em paralelo, era uma disputa, e o adversário convenceu de alguma forma que aquele "job" tinha que ser dele. De consolação, gravamos a música e o arranjo do outro. Foi o que sobrou pelo reconhecimento da nossa especialização em salsa. Tudo bem. Viriam outros. Nada. É um mercado agressivo, competitivo, e nós éramos artistas sonhadores. Mas ali fiz muitos trabalhos de trilhas, Tunica me apresentou o maestro Paulo Herculano. Diretor musical dos "Hair", "Jesus Cristo Superstar" e "A Viagem" nos anos 70, pegamos uma sequência de peças infantis e adultas. Ele propunha as ideias, e eu realizava. Foi uma longa parceria, importante para avaliar a minha forma de produzir, ainda que pouquíssimo ortodoxa. A direção musical dele, muito familiarizado com o trabalho junto aos atores e diretores, me mostrou como se compõe para teatro.

Como num passe de mágica recebemos a notícia de que Chucho Valdés está de volta ao Brasil, desta vez com a banda Irakere para uma série de apresentações. Num encontro com o Guga, surge a ideia de gravar as duas bandas numa composição de Chucho em um estúdio de São Paulo. Seria realmente a grande prova. Gravar uma música cubana com os músicos cubanos da banda que eu ouvia em Xiomara, na época do Sossega e Atrevimiento no Mucho Corazón. Chucho escreveu para trompetes e saxes e deixou um espaço de solo para o trombone. Ou ele tinha consciência das minhas limitações com aquelas frases rapidíssimas e frenéticas, o que não creio, ou preferiu dar um destaque para mim, o que tenho certeza que não foi. Acho que se lembrou do trombone na última hora, mas não faz mal! Foi fantástico fazer o solo. Andreia arrasou na voz, toda a banda pulsou junto com a cozinha, baixo, piano e a percussão feroz dos caras, a congas de Miguel Anga e a batera de Enrique Pla, passando pela nova geração de sopros que cordialmente nos incorporou em seu naipe afiadíssimo; Christianne Neves pulsou no "tumbao" junto com Chucho. Todos brilharam. A música, "Sambson", fecha triunfalmente o repertório do CD *Salsa Brasileira*.

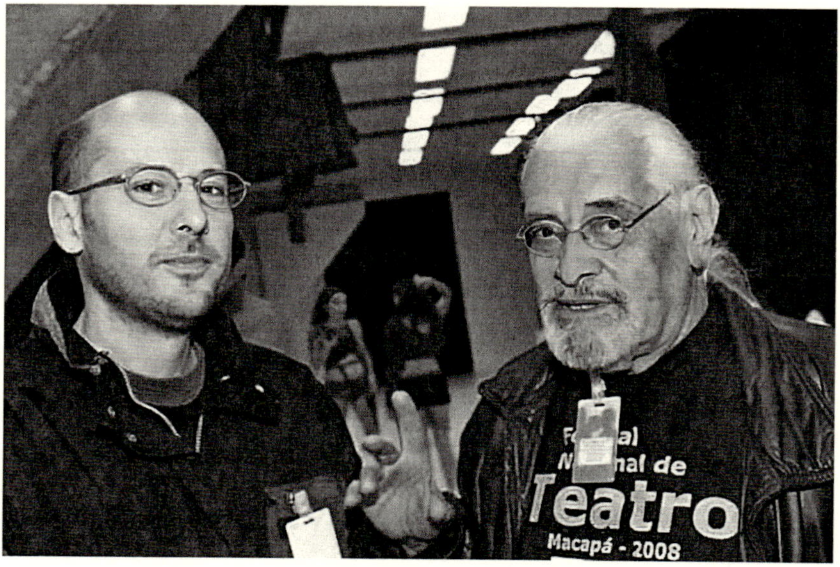
Teatro
Macapá - 2008

Túmulo do Samba, Berço da Salsa no Brasil

Na televisão, a MTV Brasil, fundada em 1990, era a nacionalização do canal criado nos anos 80 para jovens, e dava cobertura à enorme produção dos clipes de bandas pop. Braço brasileiro do projeto americano, que atendia agora a um crescente mercado latino, tinha programações específicas em dias especiais tais como Carnaval, Dia dos Namorados, Copas do Mundo, etc. Nesse Dia dos Namorados, convidou a banda para realizar a série Romântico MTV. Cantores das bandas pop faziam repertório de clássicos da música romântica brasileira. Eu fiquei com alguns arranjos, entre eles "Samba e Amor", de Chico, que seria cantada por Baby Consuelo, e "Só Louco", de Caymmi, cantada por Toni Garrido e Daniela Mercury. Com Baby foi tudo tranquilo. Para a dupla eu usaria o mesmo arranjo adaptado do que fiz para Elizete, pois gostava dele. Toni abre cantando, modula e Daniela entra e faz a canção inteira. Eu nunca repito as harmonias originais, pois na função de arranjador como entendo, não estou "transcrevendo" esse ou aquele arranjo para um cantor. Na melodia, o DNA de uma composição, não se deve mexer. Só o intérprete deve ter essa liberdade, portanto a minha independência está em propor um novo ritmo, estilo, instrumentação e harmonização, o que não é pouca coisa. É quase uma parceria com o autor, sem precisar da autorização dele. Às vezes, é um *briefing* do cantor ou do diretor musical, outras você propõe, e o intérprete fica livre para interagir com aquela nova versão. Em um determinado momento da música, Daniela não gosta de um acorde específico e diz que está errado. Eu em contraposição digo que é uma sugestão de mudança mesmo e que não é comum, mas no contexto podia se adequar perfeitamente. Ela, como baiana, me diz então que não era assim a música que conhece desde criança. Ignorei, pois não tínhamos tempo para revisões e foi assim mesmo. Aí pensei bem... Poxa, eu assisti a quase todos os 168 capítulos da novela "O Casarão", de Lauro César Muniz, na Globo, em 1976, a abertura e o encerramento eram com essa música, cantada impecavelmente pela Gal, num arranjo sensacional, acho que de João Donato, que praticamente se imortalizou, dispensando qualquer uma de minhas versões de fato. Mas será que ela ouviu outra? Enfim, com mais essa, dois a zero para a Daniela. Mas foi tudo profissional e funcionou muito bem. Acho que eles gostaram. Contudo, tinha sim, uma soberba que pairava nesse meio, somado ao bairrismo escancarado que mais uma vez aflora quando se trata de músicos paulistas, agora nem tão jovens assim. O estigma da infame frase "São Paulo é o túmulo do samba" era um olhar real do Rio e da Bahia, que disputam incansavelmente até hoje entre si, quem é a capital do samba.

O samba é a base do trombone que sempre busquei. Ter os "Rauls" como referência é um privilégio. Um instrumento que remete ao samba. Numa análise bem grosseira que passa pela minha cabeça, se poderia dizer que a flauta está para o choro, o sax para o jazz, o trompete para a música latina e o trombone, para o samba e a gafieira. Gafieiras citadas por vezes nos discos do Chico. Nas lindas introduções ou costurando suas incríveis letras e melodias, acompanhando aqueles personagens fantásticos que se materializam no brasileiro comum. Eu conhecia todos eles, a traída, o malandro, o pivete, a mais bonita e o operário. Esse, posso dizer, era o sonho que sempre tive. Tocar ou gravar com Chico. Uma única música. Nunca realizei. Aí já seria pedir demais. Mas não vou me esquecer jamais, aliás lembro com carinho, que toquei com a irmã dele, a Ana Buarque, lá atrás junto com o Maita, o Marcelo Filizola na batera e o Celso no baixo, num show memorável na biblioteca Mário de Andrade. Já posso me sentir da família. Aliás certa vez numa apresentação marcada no People no Rio de Janeiro, ficamos hospedados num flat em Ipanema, e Guga, com seu radar infalível para contatos com as personalidades, me disse:

— A Bebel Gilberto, mora aqui em algum andar...

Bebel, a filha do João Gilberto com a Miúcha, portanto sobrinha do Chico.

Me veio imediatamente a lembrança mais recente da música do Chico, "A Mais Bonita", de melodia e letra lindas cantada divinamente por ela.

Era melodia para trombone, certamente.

"Bonita
Pra que os olhos do meu bem
Não olhem mais ninguém
Quando eu me revelar
Da forma mais bonita
Pra saber como levar todos
Os desejos que ele tem
Ao me ver passar"

Tocamos a campainha do seu apartamento descoberto depois de muita investigação, e quando ela abre a porta, eu faço para ela a melodia da música de joelhos e digo:

— Esse é o trombone que faltava!

Sua reação de admiração por aquela surpresa realmente comprovou que, entre outras qualidades do trombone, o seu potencial "sedutor" deveria ser mais uma delas.

Céu de Lisboa, Estradas de Portugal

O Madredeus estava ainda navegando no sucesso do filme "Céu de Lisboa", de Wim Wenders, e num de seus desembarques por aqui seu produtor português, Tó Cunha, se interessou em lançar uma banda portuguesa de pop no Blen Blen, Os Delfins. Ele também foi nosso produtor em Portugal e agendou shows e lançamento do disco de músicas brasileiras *Hora do Brasil* em terras portuguesas. Esse CD havia sido gravado simultaneamente com o *Salsa Brasileira*. Assim cobriríamos o repertório em que nos especializamos para dançar. Foi no período em que Portugal ingressava na União Europeia e sediava a Expo 98; a injeção de ânimos e euros era visível, inclusive na presença de gruas da construção civil em toda a parte. Na excursão para vinte cidades de Norte a Sul, em duas vans e um carro esporte, era fácil ver isso. Todos revezavam na direção. Os espaços para os shows, que eram patrocinados pela Heineken, tinham sua pipe da marca e muita cerveja. E a receptividade com a música brasileira, que era metade do repertório, comprovava a expectativa do público internacional com o artista e a música brasileira. O imaginário ainda vivo do carnaval e futebol.

Durante a Copa de 98, também o Sesc criou uma série de shows para o evento, que se chamava Sesc Copa e Cozinha, em referência à cozinha musical, baixo, batera e piano. Selecionaram-se as músicas que foram sucesso nos quatro anos em que o Brasil foi campeão, 58, 62, 70 e 94, organizadas pelo Zuza Homem de Mello, e nós faríamos os arranjos para os cantores. Jair Rodrigues, Paulinho da Viola, Elza Soares, Jerry Adriani, Pedro Luíz e outros. Um trabalho de transcrever os arranjos para soarem como nas gravações originais. As ideias pulavam para o piano, e a sensação de realização me fazia rir e, às vezes, chorar. Interagir criativamente com o que você mais gosta e acredita que é a música é emocionante. As noites produtivas dentro do estúdio eram uma mistura de trabalho e boemia, já que estava sempre assessorado por algumas latinhas indispensáveis de cerveja. Depois de umas e outras se chora por qualquer coisa mesmo. Mais uma vez tive o privilégio de passar horas ao lado de artistas maravilhosos e trabalhar com eles. A introdução de "Meu Mundo Caiu", de Maysa, teria sido provavelmente um dos solos de trombone mais tocados no Brasil, e a harmonização de acordes ascendentes no arranjo de cordas, a mais moderna, não fosse a introdução de "Chega de Saudade", do Tom e Vinicius, gravada no mesmo ano de 1958 que eternizou a Bossa Nova, Elizete, é claro, e por que não, o trombone. Fui incumbido de escrever as duas para a banda acompanhar ninguém mais do que Paulinho da Viola na sua elegante interpretação. Esses solos agora eram meus.

Salsa no Municipal

Para brindar esse período de fartura, de trabalho nem tanto de grana, Jamil Maluf, maestro da Orquestra Municipal de Repertório do Theatro Municipal de São Paulo, antiga Orquestra Sinfônica Jovem, convida a banda para fazer uma apresentação com a orquestra. As apostas dobram, pois com cordas, madeiras, metais e percussão não se brinca. Acompanhando Carlos Fernando e Claudia Riccitelli, soprano brasileira com uma carreira internacional promissora, usaríamos alguns arranjos prontos de *West Side Story,* de Bernstein, transcritos por Roberto Sion, grande saxofonista, e outros que seriam feitos por nós. Fiquei responsável por fazer "Caravan", de Duke Ellington para tocar no mesmo palco em que ele e sua banda se apresentaram décadas atrás e para Carlos cantar "Mi Tierra", uma supersalsa de Gloria Estefan, cantora e compositora cubana radicada em Miami, para Claudia. Aí as coisas mudaram. Não era uma gravação em que você "dá um jeito" e corrige erros ou enganos e segue adiante, fazendo aos poucos trecho por trecho. O sistema de trabalho de uma orquestra sinfônica é industrial e, no caso, com poucos ensaios, mas muito objetivos em que só o maestro fala. Muitas obras são lidas numa temporada. Um cronograma apertado, ele teria que ter compreendido todo o arranjo primeiro, antes de ser ensaiado no palco do Theatro Municipal de São Paulo, onde já tocaram Arthur Rubinstein e Duke Ellington. Eu não sabia nem escrever na ordem certa o "score" de cordas, madeiras, trompas, enfim, quem vinha primeiro etc...

Depois de resolver a música, coisa que eu fazia relativamente rápido, ainda em músicas que já tocávamos, incluir cordas e madeiras junto com a banda era uma delícia. Porém, na hora de organizar a "grade" — que são todos os instrumentos de cada naipe escritos num caderno só, caminhando juntos e numa ordem específica para a leitura do maestro —, teria problemas. O maestro já olha as partes sabendo onde está cada um dos oitenta instrumentos divididos em 15 naipes, vamos dizer assim. Fiz do meu jeito contando com alguma margem de tolerância do maestro, que deveria estar acostumado com a música popular.

Numa visita para uma revisão do trabalho no próprio teatro, ficou claro o abismo que existia entre mim e a academia. Qualquer aluno de orquestração, em começo de curso, conhece os protocolos de escrita de uma grade de maestro. Eu podia ter copiado de alguém, pedido ajuda, mas era tarde. Tomei um esculacho digno de um músico que desafina no naipe e é repreendido pelo maestro na frente da orquestra.

Eu nunca fui repreendido. Só tocava com amigos, nunca trabalhei para contratante ou patrão. Não sabia o que era isso. Cada um tem um jeito de trabalhar e o meu não primava por cumprimento de etapas, muito menos de regras. Eu sabia fazer e pronto. Tratei de me atualizar em profissionalismo e parto para arrumar a bagunça.

Fui atrás dos parâmetros que estavam faltando, perdi horas acertando as edições das páginas da grade na impressora, mas finalmente deixei as partes de "Caravan" na portaria do maestro como precisava. A outra música já foi mais fácil. Alguns dias depois vamos à sua casa e ele me pede para ir até o piano. Ele se senta e toca conscienciosamente com as duas mãos todas as vozes que eu havia escrito, e me pergunta com muita atenção e surpresa se era esse resultado mesmo que eu queria. Disse que sim. Acho que ele gostou do arranjo. A apresentação foi um sucesso, mas não toquei bem. O Duke foi bom, mas Bernstein exige uma performance de músico erudito que eu não tinha. Não dava para resolver as duas coisas. Já o pedido do Bocato para fazer um arranjo de uma música para ele tocar num programa que iria fazer com a Orquestra de Santo André funcionou sem erros. Lição aprendida. Depois de acompanhar os ensaios, assisti honrado pelo seu convite. Na música também se trabalha sob pressão.

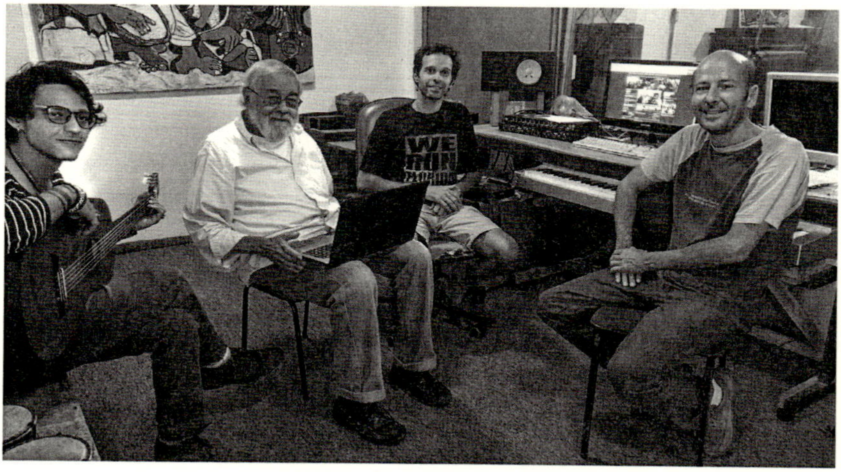

O Declínio do Império

À procura por um novo local para o novo Blen Blen com o contrato expirado na Cardeal, um processo de desintegração começa na sociedade e na banda. Não basta ter a ideia, tem que ter a grana. Os fomentadores das ideias são bem-vindos para começar os projetos, mas descartáveis para as decisões importantes. Os sócios do capital reorganizaram a sociedade, e não fomos firmes para manter o grupo unido nas convicções naquele momento. O sistema de trabalho que usávamos iria inevitavelmente criar distorções, um núcleo de trabalho se destacaria dos outros dirigindo os interesses da banda, e Guga era ainda o *bandleader* desde a saída do George. Era articulado, o mentor intelectual dos projetos, querido pela mídia, nenhum problema nisso, mas se via trabalhando exclusivamente para a banda, diferentemente dos outros. No entanto, a comunicação com o grupo para traçar as estratégias de trabalho era fundamental, e isso estava desaparecendo. Esse conjunto de fatores estava refletindo na bilheteria do Avenida. Fora da sociedade para montar o segundo e agora Blen Blen Brasil, na rua Ignácio Pereira da Rocha, e ganhando menos de 50 dólares por noite, sendo a referência de valor mínimo combinado lá atrás de 100, depois de incessantes avisos, deixamos de tocar uma noite. Na quarta seguinte, os Heartbreakers retornam, porém sem nenhum músico da banda. O Guga e substitutos fazem o baile. Banda rachada. Eu e o Chico havíamos ajudado no projeto do KVA, uma casa noturna e centro cultural que sucedeu o Blen Blen, no prédio da Cardeal com a proprietária do prédio, fiz todos os arranjos da banda que iria tocar e que o Caio estava arregimentando, isso seguramente não colaborou. Eu também estava saindo do outro apartamento e voltando para a casa da minha mãe, o Estúdio 100 também entregou o prédio e os equipamentos ficaram comigo. Na última viagem com os Heartbreakers, no carro com o Zé Alexandre e o Hamilton, talvez como uma premonição, comecei a compor a ideia de um musical que refletiu bem aquele momento. "Melancolia", minha modesta homenagem ao samba-canção, dor de cotovelo:

"Sei que a paixão é uma miragem
Mera projeção de uma paisagem
Onde a lucidez é um personagem
Que está quase sempre de passagem",

Inadimplente, dedicado à minha situação financeira:

"Fali,
Eu sei que é difícil de admitir,
Ninguém faz esforço pra depois cair
Agora só resta me levantar"

e "O Cantor", essa era sobre a indignação do artista:
"Hoje eu não vou cantar..."

...e o cantor fica alguns compassos em silêncio.
Todas elas feitas para o Hamilton cantar. E ele até gravou. Algum tempo depois.

Os Marginais

No prédio em cima da RCA, morava uma turma ligada ao teatro, aliás a Lilian Sarkis, uma das produtoras do Emoções foi quem me indicou. Ficamos amigos e aceito então fazer trilha para duas montagens: "Entre Quatro Paredes", de Sartre, e "Zoo Story", de Edward Albee, ambas com a produção de um dos atores, Alberto Morgado. Um trabalho profissional, mas feito entre amigos. No dia de uma das estreias no teatro Jofre Soares, na rua Major Diogo, Bixiga, o técnico de som não dá o ar da graça, e eu sou "convidado" a operar, já que conheço os pontos de inserção e as músicas. Me ocupo de conhecer os equipamentos, um pequeno teste e pronto para a estreia. Vai ser absolutamente tranquilo. Mamão com açúcar.

Um trabalho cuidadoso, texto difícil e pouca trilha. Depois de fazer a abertura, espero mais alguns minutos para o efeito da enorme porta do inferno. Feito, eu resolvo ir ao banheiro, pois a próxima intervenção será em 20 minutos mais ou menos. Do corredor do banheiro noto, para minha alegria, o boteco no outro lado da rua aberto e convidando para um trago e uma tragada. Por que não?

O pedido de uma cerveja vai junto com o dinheiro, e assim em cinco goles rápidos tudo será resolvido.

De repente, uma blitz com quatro carros pretos da polícia civil encosta bem na porta do bar, saem uma dezena de policiais à paisana armados de metralhadoras e enquadram as poucas pessoas que estão ali.

Meu carro, um Gol 1994 vermelho, está bem na calçada e serve de apoio para os braços abertos esperando a revista. O tempo passando, a preocupação aumentando, e a peça já está adiantada. A forma da abordagem se dava em função do lugar da cidade em que você estava, e o Bixiga era alvo dessas mais violentas no Centro. Tento convencer um dos caras que estou trabalhando no teatro e que estava comprando cigarros. A arriscada insistência começa a deixar o policial irritado, porém depois de minutos tem resultado e ele me expulsa da fila. Volto com as pernas bambas e consigo entrar a tempo. Se estivesse com o instrumento nas mãos, seria mais fácil me desfazer daquela situação.

Eu, o Zé e o Hamilton fechávamos as noites no Bixiga ou na Vila Madalena depois do Bourbon obrigatoriamente e tínhamos uma parceria muito forte. Dividimos um apartamento na rua Laboriosa enquanto Zé dormia eventualmente em São Paulo, pois morava em Campinas, e eu estava em separação. Sem compor música juntos, falávamos sobre ela, sobre a banda, sobre a vida. A boemia era a recompensa por dedicar tantas noites às festas e aos bailes. E frequentemente o carro era alvo de alguma blitz noturna. Ainda mais no Bixiga. Os instrumentos sempre frustravam o espetáculo das "batidas", pois o carro entupido com um enorme contrabaixo acústico, um trombone e três caras, ainda mais com os figurinos do show, era a salvaguarda imediata para qualquer passeio noturno nos polos boêmios da cidade. Isso nos garantia alguma "liberdade adicional" indispensável para o nosso happy hour.

A Volta por Cima

O descontentamento na banda era claro e alguns contatos já estavam sendo feitos com o Bourbon Street pelo Serjão, o que gerou um impulso para encontros regulares dos músicos. Em duas reuniões montamos a banda Havana Brasil. Para tocar na casa, aos domingos, um repertório latino e brasileiro. Em duas semanas, num mutirão de criação de arranjos, estreamos em 16 de janeiro de 2000. Mesmo esquema, baile e Tribo. O domingo estava funcionando e embalou. A mitologia se confunde com a arte. A mitologia é uma obra de arte das mais humanas. Assim como a Fênix, estávamos de volta.

Nos planos, juntar aquela mesma turma e com a convicção de que se poderia trabalhar em cooperativa. Assim foi. Músicos, cantor e cantora, bailarinos, *roadies*, DJ, ganhariam igual. Christianne Neves agora era a pianista definitiva. Antonio Barker fazia de vez em quando. Serjão fez apenas o primeiro show e foi morar na França, casou-se. Lá, inclusive, foi absorvido pela comunidade de latinos e virou um salseiro com direito a pós-doc. Na banda entra Adriano "Goio" Lima no sax alto.

Os sócios Herbert e Edgar foram ousados em deslocar o espírito da casa tradicionalmente de New Orleans para alguns quilômetros dali, Cuba. Mas o risco da resistência ao estilo ainda era grande.

Na verdade, começaram a aparecer várias casas de música latina. Azucar, Rey Castro, Conexión Caribe, mas já era uma salsa moderna, mais eletrônica, comercial, para atender as academias de dança que estavam surgindo. Não era aquela mais sofisticada e que tinha influência do jazz, de Eddie Palmieri, Tito Puente, Ruben, Gloria e Celia Cruz. Estávamos nesse contexto de novo fora do "timing", mas a força da música e a potência do grupo reverberavam num público fiel e casa cheia. A palavra "mercado" não funcionava com a gente.

Convidamos então artistas para pontuarem algumas noites e motivar sempre uma divulgação nova. Claudio Zoli, Carlos Fernando, Sandra de Sá, Maria Alcina e Nando Reis, ex-companheiro do Sossega. O repertório de cada artista seria tocado em salsa e integrariam o baile, ainda que como participação especial da noite. Trabalho para os arranjadores, trabalho para mim.

Agora eu estava com a Dedé, que conheci também nos bailes do Avenida, já tinha sido hostess do Blen Blen por indicação minha e era da turma que ia para dançar mesmo. Foi professora de lambada e, como ex-moradora do Morro do Querosene, tinhamos amigos músicos em comum. Alugamos uma cobertura na esquina da Cesário com a Major e dali vão sair os arranjos e composições dos novos projetos. Claro, cercados pelo campo minado daquela boemia sedutora da Vila Buarque, onde fizemos grandes amizades. Dedé, muito amiga do Guga, curtia as programações das duas bandas, sorte dela.

A disputa mesmo estava por vir. Seria um teste para nossos produtores. O Buena Vista estava com estreia marcada no Via Funchal, casa noturna da Vila Olímpia, as duas bandas iam querer abrir o show de qualquer maneira, o Heartbreakers e o Havana Brasil. Começa uma batalha de bastidores, e a influência do Bourbon é muito forte. O bom trânsito do Herbert pelos produtores internacionais deve ter sido decisivo. Abrimos o show. Podia parecer pouco, mas naquele momento era importante marcar presença, já que o Heartbreakers estava hà anos-luz em evidência. No fundo todos éramos invisíveis à indústria e ao grande público. A imagem das sombras do Copacabana Palace sempre estaria presente.

Tito Puente, autor de músicas que compunham nosso repertório, fazia parte dos planos do Bourbon para ser convidado como atração internacional bem no começo das domingueiras e marcar as nossas noites de salsa. Mas ele morreu logo nos primeiros meses. É uma marca registrada da casa, em que B. B. King é padrinho e sua guitarra autografada com dedicatória faz parte da decoração, trazer artistas internacionais. Wynton, Stanley Clarke, Joe Henderson e Nina Simone são só alguns. Quem estava na cena da salsa então em NY era seu filho, Tito Puente Jr.

Temporada marcada, o investimento desta vez seria completo. Cachês para os ensaios e a apresentação, gravação em vídeo com 5 câmeras e transmissão posterior em um canal a cabo. Hamilton, Anaí Rosa, agora no lugar da Andrea, e Pedro La Colina, salseiro chileno muito amigo da banda fazendo vocais, mais um trompete para completar o naipe ao lado de Faria, Carlinho Alligator, o "Rei do Coqueiro" mandando ver nas notas mais agudas, assim fica claro o codinome. Um show completo com as músicas do repertório do Tito pai em partituras originais dos clássicos. Mais um ponto para a banda. Em seguida, a gravação do CD ao vivo no Bourbon. Composições próprias junto com repertório do baile. O show ficou ótimo, o vídeo um excelente registro para a banda, mas a performance do Titi Jr fica aquém do que seriam aquelas pérolas tocadas com seu pai, aqui perdidas numa acrobacia performática exagerada, porém saciam as expectativas em torno daquele espetáculo e ainda assim reverenciam dignamente a obra de uma das referências da salsa mundial.

Pedro La Colina grava seu CD solo em seguida e me pede um arranjo para "Eu e a Brisa" de Johnny Alf em salsa. O trabalho do Pedro é um projeto de mais uma frente da salsa em São Paulo, ele chileno, com músicos cubanos e brasileiros de alto nível. Pepe no piano, Alligator e Mineirinho nos trompetes, Totty no trombone, Tessari nos timbales, Marcinho Arantes no baixo e Luiz de la Hoz na flauta. Considero o melhor arranjo de salsa que eu já fiz.

O Cinema de Novo

Meu pai, depois de 27 anos sem fazer um longa-metragem — o último havia sido "O Jogo da Vida", com a trilha original de João Bosco e Aldir Blanc, maravilhosa, aliás — resolveu fazer um filme a partir do livro de João Gilberto Noll, e eu faria a trilha. Seria filmado em Paraty. Pereio encarnaria o personagem principal, um "ator" decadente numa jornada em busca de uma terra imaginária chamada Harmada, em busca do sentido da vida. Paraty era o cenário ideal para o filme pela beleza da sua arquitetura histórica e anacrônica, perfeita para estrear uma parceria com o pai. Ele trabalhou em Paraty dirigindo a Eco TV nos anos 90, uma TV comunitária patrocinada por um italiano, dono de uma produtora de filmes no Rio, e Lia morava lá.

Para mim estava claro que usaríamos a sonoridade da bandinha da cidade que acompanhava a procissão. Eram sopros basicamente, e eu poderia explorar uma mistura de Kurt Weill e Stravinsky.

O som da banda acompanhava o personagem numa peregrinação onde às vezes, a música se fazia trilha de fundo, outras vezes, parte da cena. A cena do asilo, um dos refúgios do personagem, teria a montagem de uma grande encenação com os próprios moradores e frequentadores do asilo de verdade, guiados pelo "ator" sob um texto de Brecht, uma licença do diretor sobre o livro original, que reforçou ainda mais minhas intenções. Uma bandinha com os figurantes foi montada para mimetizar a trilha que estaria no filme, parecendo ser eles tocando. A única maneira de juntar imagem e movimento dos instrumentos seria eles filmarem primeiro e eu compor depois. Por causa desta cena, sugeri ao meu pai que convidasse o maestro Paulo Herculano, meu parceiro nas trilhas para teatro, e integrá-lo ao elenco como um hóspede do asilo. Na hora da bandinha ele regeria em um andamento aproximado de 90 bpm, no mais completo silêncio, os figurantes músicos fingiriam tocar, e só depois da montagem definitiva eu faria a criação. Paulo acabou virando um personagem forte no filme com diálogos e tal. Reproduzi no computador os acentos gestuais do maestro e criei um metrônomo com todas as pequenas variações. Sobre esse metrônomo e acompanhando a cena fiz a música. Com todos esses parâmetros, mesmo assim, existiu uma liberdade de criação, herança trazida pela observação das composições do Alberto Caribé, em que nunca fica claro para mim o que é improviso e o que é preparado. Isso me deu muita segurança e se tornou a síntese da forma que eu produzia. Buscava as ideias a partir dos obstáculos que surgiam. Sem regras para compor, estudar música; mesmo desde quando comecei a tocar, não teve espaço nem tempo na minha vida; sempre numa corrida de revezamento de oportunidades que não renunciava; a facilidade de resolver as coisas, de tocar, arranjar e compor produziram em mim uma habilidade, mas um problema também. Mas a ideia para o filme funcionou, enfim, eu acho que resolvi bem, o que para mim é uma modesta homenagem à banda Santa Cecília e à cidade.

Eu já havia tocado em Paraty nos réveillons de 88 e 89 com a cozinha dos Heartbreakers e a Virgínia Rosa, cantora do Mexe com Tudo e minha namorada na época. Durante o período da TV de 91 até 2000 ia sempre passar fim de ano, encontrava Randall, Sisão e Roni Machado, todos no bar do Dinho para uma canja... Fiz músicas para os programas infantis. Uma delas era, partindo de uma lista de nomes de dinossauros, conseguir fazer uma salsa. O que parecia estapafúrdio, ficou divertido e "swingado". Arrematei ainda com:

"Muitos milhões de anos atrás,
E aqui viviam enormes animais,
Hoje resta apenas a canção,
E esqueletos de montão"

Ficou bom, a banda e o HB até gravaram.

Ano de eleição, 2002, as pesquisas apontam pela primeira vez uma diferença robusta de Lula já na sexta-feira antes do domingo da votação. Saindo da loja de equipamentos de som com um novo microfone condensador nas mãos, tomo uma cerveja num bar de esquina no alto da rua Teodoro Sampaio e medito com muita emoção, olhando para aquele final de tarde, sobre o significado daquele momento histórico. Seria possível mesmo uma mudança do centro do poder, com um líder que representa o povo de fato? A cara do Brasil? Não seria fácil, mas agora era real. Somado à vitória do Brasil na Copa, esse seria um fim de semana catártico. A felicidade era coletiva, uma distensão estava no ar. Chico César chega ao Bourbon naquela noite de domingo para sua participação em cinco músicas, e durante o show, a previsão das bocas de urna batem com a contagem de votos e numa mistura de aplausos pelo show e de comemoração pela vitória, Chico César corre para o trio elétrico que o espera na Paulista, ao lado do agora presidente Lula. Bela noite.

O Salto Mortal

George Freire está com uma produtora de eventos e uma orquestra. Suas atividades com teatro, no entanto, se mantêm, e muitos convites para parcerias em trilhas aparecem. Dividimos documentários, peças de teatro e aberturas de programas de TV. Nas peças, essa parceria me deu o privilégio de trabalhar com Paulo Autran. Acompanhamos todas as leituras na casa dele e todo o processo de ensaios sob a direção de Elias Andreato, irmão do Elifas, nos aponta para uma música solene, inspirada no Réquiem de Ravel, com Céline Imbert cantando e um violoncelo desenhando melodias sinuosas, enfim gravamos sob a aprovação do diretor e missão cumprida. Paulo odiou. Queria que a música provocasse mais o público com medo que o texto por si só não o fizesse. Que responsabilidade. Acontece. Mais acerto tivemos no trabalho seguinte com Irene Ravache. Esse era o Olimpo do teatro brasileiro. Um grupo seleto de profissionais atuavam nas áreas técnicas. Estar lá era uma aprovação incondicional, não queria errar.

Nesse embalo de parcerias, George monta um quarteto para acompanhar um grupo de amigos que resolveram transformar os saraus semanais em uma temporada de apresentações num bar dos Jardins. Antonio Barker no piano, Manuel Pacífico numa percussão meio batera e Marcelo Calderazzo no baixo acústico. Roberto Muylaert e Celina, Zélio Alves Pinto e Walnice Galvão eram algumas das personalidades. O repertório era luxuoso, com o melhor da música brasileira. Eu solava e fazia contracantos bolados por mim mesmo. Era bem livre e intimista: amadores que cantavam bem, na sua maioria, curtiam o momento do palco. Com uma plateia sempre de notáveis, numa destas apresentações, o maestro Júlio Medaglia foi assistir e ao final da apresentação ele se dirige a mim:

— Vou receber o naipe de trombones da Orquestra Filarmônica de Berlim em minha casa e gostaria muito que você fosse e mostrasse um pouco do trombone brasileiro! Me deixa seu telefone em um guardanapo de pano.

Inacreditável. Seria a vingança. A mesma orquestra que me frustrou com o violino da Anne-Sophie anos atrás reapareceu. Nos dias que se passaram, nervosismo e insegurança culminam numa febre e disenteria bem no dia do encontro. Já era. Imagino a qualidade deles. Foi medo mesmo. Melhor assim.

Moramos numa casa da família da Dedé em Taboão da Serra, na divisa com o Butantã. Era bem afastado do Centro de São Paulo e longe do centro de Taboão, que é infinitamente menor. Mas era um encontro de cinco ruas, e morávamos em uma delas ao lado da Escola Infantil Heitor Villa Lobos, diante de um boteco. Um boteco que dava para a calçada mesmo, repleta de troféus do time de várzea dali, o Pazzini. Boteco do Tio Carlinhos. Fui cumprimentá-los, ele e a Val, sua esposa, assim que chegamos lá. Papo vai papo vem, o piano de armário que sai do caminhão de mudanças logo vira um assunto.

— Aqui nessa rua mora o Pelé, do Arte Popular, músico também, sabe?

O Faria, da banda, tocava eventualmente com eles.

Disse que tocava trombone. Ele me convidou para a feijoada dali a alguns dias, com música ao vivo e tal. Logo eu fazia parte dos músicos daquele ponto. Rappers, sambistas, percussionistas e Pelé. Uma esquina que promovia os encontros e as festas da região. Tio Carlinhos era uma personalidade. Todo mundo se dizia sobrinho dele. Eu também. O trajeto para o centro era longo e uma encomenda da Tunica para resolver um efeito sonoro simples se torna uma odisseia. A peça é um monólogo da Cristiane Torloni dirigida pelo Possi. Apenas um toque de celular que contenha a melodia do "Pour Elise", de Beethoven. Tudo bem que não se acerte de primeira. A comunicação entre essas áreas parece fácil, mas as percepções da turma do teatro e da música são diferentes. Mais duas ou três idas e voltas e Tunica me põe direto com o Possi. Seu jeito de pensar e sentir o processo de criação é parecido com o meu. Intuitivo, ele busca a sensação, e não a explicação. Às vezes, quanto mais simples, mais se completa com o texto e a cena. Mas isso não estava me ajudando muito. Eu não acertava de jeito nenhum. Ele me mostrava orquestras, músicas italianas, efeitos e tentava descrever o que a cena precisava. Eram poucos segundos de efeito, mas já fazia semanas. 6, 7, 8 provas que eu mostrava, e nada. As idas ao ensaio, as explicações confusas dele e da atriz não me ajudavam. Passando por uma dezena de tipos de orquestrações, instrumentos e estilos, começo a ficar irritado, e um tango parece que vai pôr fim a tudo isso. Estou chegando perto, mas o tempo está se esgotando e convido Jean Pierre, trompetista que gostava de alçar notas bem agudas, para gravar o que pode ser a última versão, a décima terceira. Bem exagerada, com um trompete rasgando os ouvidos num verdadeiro ataque de nervos, entrego o tango às vésperas da estreia. Eu gosto de todas as versões, mas fica claro que a música surte efeitos diferentes em diferentes pessoas, e para diferentes fins. Fiz das tripas coração para conseguir traduzir aquela encomenda, e não creio que tenha conseguido plenamente.

Das Trilhas Coração

Em seguida recebo um convite para fazer as trilhas do Telecurso TEC na TV Cultura, pelos diretores Roberto Machado e Mario Masetti. Para trabalhar na TV Cultura preciso de uma PJ, tudo que não queria, e abro então a Das Trilhas Coração Produções Artísticas Ltda.

Durante uma breve separação, já estava morando de volta na rua onde nasci, Major Sertório, a boa e velha Vila Buarque, dividindo um apartamento com mais dois amigos. O DVD do Telecurso chegava de motoboy de manhã, e à tarde ele voltava para pegar o áudio. Eu esperava no bar Nova Major, embaixo do meu apartamento, três andares acima. Era meu "escritório". Foi durante meses o trabalho mais regular que já tive. E o bar também. No final da série eu faria trilha para os cinco programas introdutórios, em que dois jovens falavam sozinhos com seus pensamentos, sobre os desafios de se preparar para o mercado de trabalho enquanto andam pela cidade. Os caminhos não se cruzavam, mas aos poucos começam a se aproximar. A trilha vai saindo conforme os diálogos e os trajetos vão se desenvolvendo. As músicas tensionam quando eles se aproximam e relaxam, ou quando se afastam. Eu não vejo mais os filmes antes de começar. Vou fazendo. No quinto filme, chegando perto do final, para minha surpresa, eles se encontram na escada rolante do metrô, no mesmo sentido, é claro, e o tom emocional da trilha acompanha esse instante e eu, como um tonto, me emociono e choro! Depois dou risada de mim mesmo.

Com esse primeiro, sou encaminhado para as trilhas de outros programas de tele-educação e informação.

De Volta à Vila Buarque

Eu dividia o "escritório" com um monte de gente legal. A região sempre foi agitada com a faculdade de Filosofia da USP, a Escola de Sociologia, o Teatro Pixinguinha, o Teatro de arena Eugênio Kusnet, o Sesc, a Biblioteca Monteiro Lobato, a Aliança Francesa, o Instituto dos Arquitetos do Brasil, a Santa Casa, o Mackenzie e a Aerobrás que eu adorava. Mas tinham botecos na mesma proporção. Só no cruzamento da Major Sertório com a Cesário Motta Jr tinham 17. Nas mesas tinham estudantes, músicos, artista plásticos, joalheiros, arquitetos, ceramistas, professores, padres, escritores, advogados, peritos, boêmios em geral e até o Tinhorão que fazia, de algum tempo para cá, sua roda de espectadores atentos e fiéis na mesa do bar do Raí, aos sábados às 15h. Afinal, em se tratando das memórias de um músico, eu não poderia deixar de citá-lo. Dessas reuniões saiu o bloco de carnaval da Vila Buarque, Lira da Vila. Para esse bloco compusemos, gravamos e evidentemente saímos. Diferente de quando eu era criança, agora tinha uma base 13ª PM que ficava na esquina da praça da Biblioteca Infantojuvenil Monteiro Lobato, era comandada por um cabo mal-humorado que observava todo o movimento dos frequentadores animados dos bares, que só no cruzamento eram uns cinco; e eu, é claro, era provavelmente um elemento em atitudes suspeitas pelos horários que saía e chegava. O instrumento logo denunciava a atividade noturna, porém a bagunça mesmo, quando era indispensável, se fazia na "Faixa de Gaza"... Nome não muito elegante, mas era assim que chamavam. Ali ninguém era santo, aliás nem o padre. Numa tarde, o cabo me parou na faixa de pedestres e em tom enérgico de intimação me perguntou:

— Você é da música, né?

Diante da positiva, ele logo amansou:

— Sabe o que é, eu tenho aqui uma letra de um blues e queria ver o que você acha...

Suspirando aliviado, tratei logo de elogiar a beleza daquelas palavras e os sentimentos que elas remetiam e levei para casa. No dia seguinte apareço com um CD, a música gravada e cantada por mim. Emocionado, a partir de então, a vista grossa estava garantida.

Fernando Rozzo, meu amigo, cinegrafista, DJ e parceiro do Estúdio 100, me indica para o evento de 70 anos dos postos Ipiranga. Ele inventa uma big band para tocar apenas uma música durante 14 minutos: Aquarela do Brasil. Uma música perigosa de se fazer no tempo normal, sem esbarrar nas centenas de versões já feitas, e poucas dignas ou brilhantes, e ainda ficar enrolando durante 14 minutos. Seria arriscado. Quebrei a cabeça. Tratava-se de acompanhar a narrativa da história da empresa narrada pela Fernanda Montenegro em pessoa no palco. Ou seja, somava-se à odisseia de manter "Aquarela do Brasil" interessante durante uma eternidade, teríamos o desafio de explorar as dinâmicas, sem cobrir a interpretação da atriz. Eu não iria reger pois estava tocando também. Com o início do show, o jeito foi todos procurarem focar nela e a qualquer olhar seu para a banda, baixávamos o volume. No final da narração entra, como combinado, Paula Lima para cantar uma versão black music da mesma Aquarela e, longa como já estava, numa virada infeliz do batera fora de lugar, os músicos induzidos pelo erro, tocam a música mais uma vez tornando-a uma verdadeira obra inacabada. Para o público, que nem percebe, hora de beber. Mas conseguimos enfim. Fernandinho era meu grande parceiro. Andamos sempre perto desde o Lira Paulistana, onde ele trabalhou. Ele era cinegrafista do Fernando Meirelles nos programas da Abril Vídeo, o famoso cameraman Valdeci, que interagia com o personagem/repórter Ernesto Varela, interpretado por Marcelo Tas e com eles viajou para a União Soviética e Cuba ainda nos anos 80, em plena Guerra Fria. Parceiro, não de composições, mas de projetos, ideias e sobretudo pesquisador das músicas brasileira e latina. Me abastecia com as novidades. A ideia desse trabalho era típica de quem já discotecou uma gafieira com gramofone, andava pra lá e pra cá com uma Rolleiflex dos anos 60 pendurada no pescoço, desenterrou latas de negativo vencidas, mas que funcionavam, em Cuba. Duro como era, comprou dois violoncelos quebrados de uma vez só para fazer um, pois o preço estava bom, mas tinha e tem um extremo e refinado bom gosto para música, fotografia.

    As produções de áudio estão a todo vapor e um último CD do Havana Brasil vai ser gravado pela banda com patrocínio da Weril, instrumentos de sopro da qual éramos "endorses", ou seja, usávamos e divulgávamos seus instrumentos. A direção musical de Sisão Machado, que além disso toca o "Tres", instrumento típico cubano, na faixa que leva o nome da banda. O CD mostra um amadurecimento de todos neste processo. Muito importante, pois quem quis compor, compôs, a cooperativa funcionou e a qualidade das músicas atingiu o nível desejado. A síntese das experiências com todos os ritmos que a banda trazia resultou na composição que tenta "inventar" a origem do nome Havana Brasil e desvinculá-lo da evidente referência à Orquestra HB:

"No centro do Brasil, às margens de um rio,
Um tambor misterioso surgiu.
De onde ele partiu?
Nem o colono, nem o quilombo, nem mesmo o índio viu.
Provavelmente cruzou o contra a corrente o continente trazido do mar,
Se duvidar a 100 anos põe-se a navegar.
Tocando essa relíquia nosso mestre descobriu
Que o tambor foi feito numa ilha chamada Havana Brasil"

Fechando as Cortinas

Depois do disco, minhas atividades se dividem em tocar e produzir trilhas e dar oficinas de arranjos e de trilhas para audiovisual. Oficinas na Usina Cultural João Donato, no Acre e em Vitória, ES, me tiram um período dos bailes num momento em que não estou satisfeito com o meu jeito de tocar. Foram muitos anos lutando para produzir som e interesse musical do trombone, evoluir. A falta de técnica me exigia um esforço desproporcional. Eu via os amigos trombonistas tocarem. Era sem força, era natural. Uma naturalidade que eu possivelmente já tive, mas perdi com a pressa de atingir os resultados que prometia ou que de mim esperavam. Nunca foi leve tocar para mim. Separar o trabalho da festa nunca foi uma escolha também, então eu era envolvido pela atmosfera do baile, pois era conveniente e divertido. Beber e tocar era normal. Minha posição no palco era estratégica para a regência das entradas das partes diferentes das músicas. Os nossos arranjos, principalmente das salsas, eram cheios de partes, e a regência aumentava ou diminuía o tamanho da música conforme a pista ou as coreografias da Tribo. A vara do trombone era um excelente sinalizador. Numa dessas, tocando em uma churrascaria, não reparei que havia uma viga muito baixa na boca do palco e num gesto de finalizar a primeira música, adeus trombone King. Ridículo mesmo foi continuar o baile fingindo que estava tocando. Mas mesmo assim me colocava sempre no canto e na beirada do palco para poder olhar a todos.

Os garçons do Avenida, do Bourbon, do Aeroanta levavam os shopes no palco mesmo sem muito cuidado em serem discretos. Um privilégio. Não era só eu que gostava, mas na função dos metais, os espaços curtos sem tocar eram suficientes para um gole e outro. Feio para quem está assistindo? Não creio, estavam todos ocupados para notar e invariavelmente alterados também. As atenções estão sempre voltadas para o cantor, a cantora ou os bailarinos. O Bourbon era uma casa com recursos de luz e som bem profissionais, com dois técnicos de som e um de luz. Uma mesa de som para mixar o que os músicos estavam ouvindo e uma na frente para o som do público. A banda toca muito alto para um espaço como o Bourbon, e a soma do som de palco e do som de público para o cantor que fica bem na fronteira dos dois, às vezes, é confusa. Numa das apresentações o desentendimento entre o cantor e o técnico de som desencadeou uma briga que terminou com a saída de Hamilton das noites de domingo.

Anaí seguiu cantando sozinha. Mas algumas participações especiais voltaram a ser marcadas. Nesse momento eu já estou me afastando do grupo, deixando as datas de domingo para o Silvio, meu substituto. O desencanto com o trombone e os trabalhos na TV Cultura me dirigem para o trabalho solitário de produção de trilhas e arranjos. O desencanto era por ter esgotado as possibilidades de dar um salto na qualidade de tocar. E eu sabia onde tinha que chegar e o que não fiz para isso se realizar. Só não sabia como deixei acontecer. Machuquei a musculatura durante esses anos e ela não aprendia mais.

Agora morávamos eu e a Dedé na Barão de Limeira, meu pai finalmente me chama para realizar seu projeto sobre Lupicínio Rodrigues, depois de uma década de tentativas. Um longa chamado "Nervos de Aço", uma ficção sobre o processo de montagem de um show com músicas de Lupicínio, em que as letras das músicas se confundem com as relações entre os personagens. As vinte músicas seriam arranjadas com estilos que traduzissem as tensões de cada cena, descrevendo o triângulo amoroso entre eles. Ney Matogrosso tinha topado anos antes, mas a demora dispersou o projeto, e Jards Macalé, agora cogitado, se recusou, pois estava envolvido com o lançamento de um documentário sobre sua carreira. Arrigo Barnabé então aceita imediatamente, pois vai ao encontro do seu show que está em cartaz, Caixa de Ódio, onde canta algumas do Lupicínio com a sua característica interpretação. Eu achei sinceramente uma excelente escolha. Trabalhar com ele seria gratificante. O elenco trazia os três personagens da trama: o diretor, Arrigo, o músico da banda, Pedro Sol, e a cantora, Ana Paula Lonardi. Talvez a última chance de conseguir tocar meu recém-comprado Yamaha como desejaria. Montei a banda escolhida a dedo, Barker no piano, Serjão no tenor, Rafael Marques na batera, Antônio Guaraci no baixo acústico e Jorginho no trompete, que já conhecia de vinte anos antes numa temporada do Emoções de Porto Alegre, cenário apropriado para as locações sobre o compositor do hino do Grêmio. São três semanas de ensaios diários e filmagens na Casa de Cultural Mário Quintana, com uma equipe montada pela Marília, produtora e madrasta. Divertidíssimo e muito gratificante. Mas alguma frustração pela insatisfatória performance com o trombone só era compensada pelos chopes que celebravam, ao mesmo tempo, o resultado dos arranjos e o entrosamento entre toda a equipe no restaurante anexo ao teatro cedido para as tomadas da banda. A trilha era gravada junto com as cenas ao vivo em multitracks pelo Clement e Ernani, um sonho de qualquer compositor de música para cinema. Era a música da cena mesmo. O resultado é uma homenagem à música brasileira, ao cinema brasileiro e aos artistas.

A Verdadeira Obra-Prima

Minha estação de trabalho tem que sair do quarto, pois o Téo vai nascer.

Alugo uma sala no último andar do prédio de nove andares, um quarto do que seria um apartamento para zelador, que não tinha. Prédio pequeno com vizinhos extremamente legais. Naquela salinha mixei grupo de jongo, samba de bumbo, congada, todos trabalhos de pesquisa gravados por um amigo e parceiro, Henry, que também era fundador do Bloco da Vila, e um pesquisador e conhecedor dos macetes dos editais de cultura.

Mais de dez anos sem falar com Guga ainda por conta do rompimento da banda, mais pela forma do que pelos motivos, o reencontro na verdade vem com um pedido do Hamilton para que eu e Guga produzíssemos o seu primeiro disco solo. Deixamos as diferenças de lado e passamos a nos reunir. Surge daí um convite para produzir a trilha de uma peça com o diretor paulista Eduardo Figueiredo. Bem, o disco mesmo não rolou ainda. Leona Cavalli e Zé Rubens Chachá iriam interpretar Frida Kahlo e Diego Rivera, com texto de Maria Adelaide Amaral. Topei na hora. As músicas compostas seriam interpretadas ao vivo por um acordeão e um baixo acústico. Torna-se um desafio preencher um texto daquele com música para dois instrumentos e a interpretação daqueles atores, para aqueles personagens tão icônicos da arte do século XX. Conseguimos aplicar na peça a nossa experiência com a passionalidade do universo latino através da música, que era a espinha dorsal da trama. Jorge Grinspun, o sócio do Estúdio 100, me chamava regularmente para fazer as trilhas de seus documentários. Darcy Ribeiro e Boris Schnaiderman renderam trabalhos de composição que considero muito bons. Desta vez o projeto era grande. Já tinha feito para Isa, sua irmã e diretora de cinema, e documentários também, uma instalação sonora no museu em homenagem a Luiz Gonzaga, no Centro Cultural Cais do Sertão, em Recife. Eu e Arrigo Barnabé somos então chamados para montar toda a instalação sonora e musical do Museu do Trabalho e do Trabalhador, de São Bernardo do Campo. Começamos as reuniões para a criação, que é a parte mais legal.

O Abandono da Metrópole

Diante de certa falta de perspectiva em São Paulo, a fragilidade respiratória do Téo e uma seca que nos obriga a escolher entre o volume morto 1 e o volume morto 2, afinal eu já mantinha laços desde o começo dos anos 90 com Paraty e das atividades da Lia, alugamos o apartamento e fomos para o Sul do Rio. As coisas que eu estava produzindo na salinha do zelador poderiam ser perfeitamente feitas à distância. O trabalho do MTT com o Arrigo e os valores que entrariam seriam utilizados na reforma de uma sala para gravação e equipamentos. Arrigo topou a ideia de ir até lá eventualmente para trabalhar. Chegando, muito rapidamente sou convidado para fazer oficinas na Casa da Cultura de Paraty, integrar um audacioso projeto de multimídias em que Lia estava há alguns meses envolvida, em que iria montar um estúdio de gravação para produzir os artistas locais com uma web rádio. Rogério, um velho amigo e flautista, me recebe cheio de ideias para montar a Orquestra Popular de Paraty junto com Jerome, saxofonista, inspirada em nosso antigo sonho de fundar a Orquestra Jabaquara, e com o primeiro trabalho na agenda: fazer arranjos do repertório de José Kléber, artista e compositor importante da cidade, com apresentação marcada para um evento em sua homenagem dentro de algumas semanas.

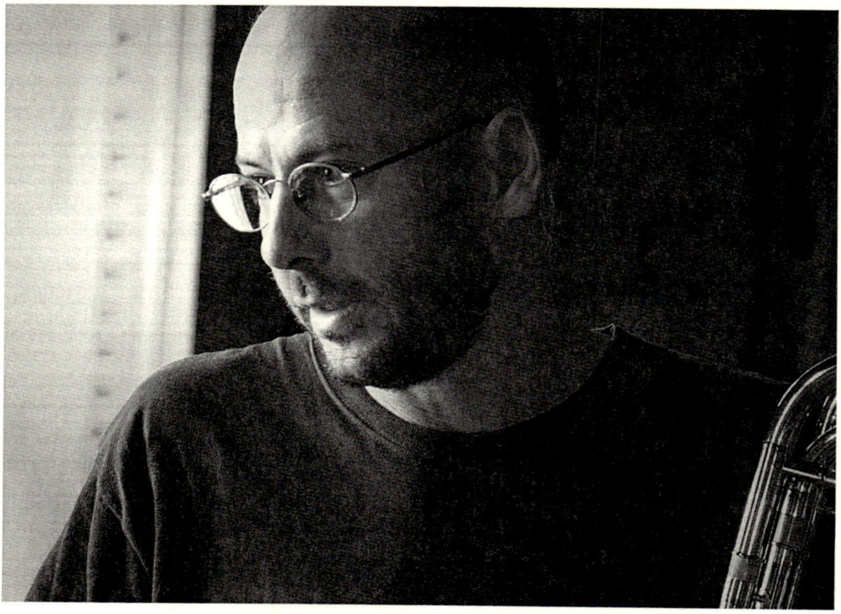

A Volta à Idade das Sombras

Nos primeiros meses, porém, as mudanças nos rumos da política começam a ser notadas e criar os primeiros efeitos através das operações de investigações sobre as empreiteiras, a Petrobras e o PT, a bola da vez. A Lava Jato estrangula, entre outras coisas, o projeto do Museu, que é subitamente interrompido sem rescisão e sem maiores informações. Eu já tinha feito jingles para campanhas durante as eleições, de diversos partidos e candidatos e sabia o que era "caixa 2". Ingressos das casas noturnas, couvert artístico, consultas médicas sem exigir NF, estacionamentos pela cidade é tudo caixa 2. Pagou em dinheiro sem nota, é caixa 2. Transitamos nos meios de banqueiros, empresários, empreiteiros e políticos, pois tocamos muito para a "elite", hoje desconfio muito dessa denominação, sabemos como funciona tudo isso e como sempre foi a intersecção e a promiscuidade entre o poder público e o privado. Ouvíamos falar das relações que existiam nessa esfera. O Brasil sempre funcionou assim. Alguma coisa estava para acontecer. Precisavam de um bode expiatório, claro. Os trabalhadores ficaram sem museu. O Brasil ficou sem presidente, e eu, sem terminar o estúdio. Embora sejamos, nós músicos, ao contrário do que se imagina, uma categoria muito alienada e conservadora, me cercava dos amigos que se posicionavam diante dos acontecimentos na cultura e na política, e sendo assim nunca fizemos shows de campanha. Mas a resignação não abalou a criatividade nem as atividades. Nunca abala, fortalece. Com um convite da produtora Cabeça de Nêga de São Paulo, vem uma série de encomendas de arranjos para um repertório de sambas-enredo com arranjo de metais para serem feitos. Experiência ousada e ainda quando se trata de acompanhar Wilson das Neves, Monarco, Nei Lopes e Thobias da Vai-Vai. O samba não poderia estar mais adequadamente representado. Com as partituras enviadas via internet para São Paulo, fica claro que a oportunidade de fazer um arranjo para Elizete, vinte e cinco anos antes, só foi possível pela ausência desse recurso.

Assim como os sambas, as trilhas para teatro com Guga que continuaram a ser encomendadas foram enviadas da mesma forma. Só que em arquivos MP3 de áudios em vez de partituras. Guga, diante do diretor Eduardo Figueiredo e dos atores durante o ensaio em São Paulo, me indicava as soluções musicais para cada cena, e eu criava no teclado ao mesmo tempo e prontamente já enviava pelo WhatsApp, enquanto ele reproduzia na cena numa caixa de som com bluetooth conectado ao seu IPhone. No entanto, aqui os trabalhos com trilhas e arranjos se intensificam, mas o trombone não engrenava mais. Aos poucos, para tentar manter as despesas, fui vendendo o penúltimo Weril vermelho e por fim, o Yamaha Xeno que havia encomendado do Japão.

Mesmo distante do Havana Brasil, os convites para arranjar em salsa o repertório de Fabiana Cozza, Jair Rodrigues, Zeca Baleiro e Fernanda Porto engrossaram o repertório de convidados nesses últimos anos e me deixaram sempre próximo dos amigos e do trabalho que ajudei a criar e que fez parte da minha vida por anos. Sempre toquei com meus amigos, compartilhamos opiniões parecidas sobre a música e a vida. Somos todos amigos até hoje. A cumplicidade que um trabalho em grupo cria, em que todos idealizam e participam juntos, extrapola até a própria música. Ela vai sempre continuar sendo enigmática e nós seguimos decifrando seus segredos. Assim, nunca buscamos o caminho mais fácil e nunca fizemos concessões.

Por outro lado, nunca tocamos no rádio, ou em abertura de novelas, nunca cantaram nossas músicas no chuveiro ou assobiaram pelas ruas, nunca demos autógrafo em saídas de shows, mas fizemos só o que achamos que era bom. Aliás, a sensação é de que eu sempre estava à margem dos movimentos, e mesmo sendo o caçula das bandas quando comecei, assim que passei a produzir meus projetos e músicas, me inscrevi para festivais e editais para "novos compositores", eu já estava velho. Acho que nasci meio velho. O trombone e o violino não eram instrumentos de jovens. Peguei o fim de uma geração para quem envelhecer era desejável. Viver para aprender e compreender as coisas que estavam aí. Essa consciência do pouco tempo que a vida oferece para entendê-la, entender o mundo e mesmo a música, necessita de amadurecimento e disponibilidade permanentes. A música também requer uma longa jornada para se revelar com todas as suas possibilidades. Ela vai de uma simples sensação de prazer até o mais instigante desafio intelectual. A repetição é fundamental para a compreensão da sua ideia, assim descobre-se que há beleza em todas as formas e ideias de música. Ninguém vai gostar de Bartok na primeira audição. Há que ouvir duas, três vezes, e seguramente se encantará. Mas a necessidade da indústria é sempre da busca por um produto que seja jovem, rapidamente substituível, desvinculado de ousadias estéticas. Soluções simples para assimilação rápida. A procura pela ideia nova, sem que tenha tido tempo de amadurecer, apenas para servir um mercado destinado cada vez mais a uma ideia equivocada de que jovens não são exigentes. Como se não fossem capazes de interagir com conteúdos mais elaborados. Pelo menos comigo não foi assim. Até as bancas de jornais eram celeiros de produtos culturais. Esse embalo dos anos 80 e 90 criou um curto-circuito na velocidade da produtividade, muitas vezes sem qualidade e mesmo sendo um caminho natural que as linguagens também simplifiquem com o tempo na evolução dos estilos, nesse caso o abandono da sofisticação ou da elaboração é útil para resultar no conveniente barateamento do custo se aproveitando do imediatismo e da desinformação do público, gerando o rápido retorno financeiro, o que se tornou o aspecto mais importante deste ciclo.

Na música, ou através dela, aprendi sobre arte e cultura, do meu país e de outros povos, sobre o trabalho em conjunto, negócios, alegria, divertimento, pessoas, relações profissionais, viagens, tecnologias, mas também amor, relacionamento, amizades. Estética e ética. Qualidade naquilo que se deve fazer. A permanente busca pela perfeição na música é a inerente perseguição por todas as suas possibilidades, que são muitas. As estatísticas para que todas as combinações musicais se esgotem apontam ainda para décadas de possibilidades, afirmava Alberto Caribé. Como uma pedra de mármore que traz dentro de si todas as formas possíveis, em que o escultor busca a perfeita, só restando a ele retirar os excessos. A música mostrou que tocar é fazer uma troca.

Ela me dá sua beleza e seus mistérios, e eu tento passar para a frente suas sensações e emoções despertadas da mesma forma. Não importa como se aprendeu, ela passa e se incorpora na gente. Acabei entrando numa roda viva que me puxava e, quanto mais eu compreendia minhas limitações, menos tempo e oportunidade eu tinha para poder rever minha técnica ou corrigir os efeitos que a falta dela estava produzindo em mim. Naquele momento tudo estava acontecendo, e eu não queria perder nada, fiz uma escolha. Fui encontrando no caminho as estrelas da música que eu tanto apreciava dos discos, do rádio e da televisão, com algumas tive até a sorte de tocar junto, de escrever pra elas, de trabalhar. Outras vi tocarem na minha frente como se fosse pra mim, Luiz Gonzaga, Raul de Barros, Ray Charles, Gil Evans, Jimmy Smith e tantas outras.

Hoje me dou conta que fui contemporâneo do Stravinsky, Louis Armstrong, Pixinguinha, Vinicius de Moraes, Maysa, Duke Ellington e até do Chaplin, que além de tudo o que fez no cinema, compôs música também.

Muitas músicas e cervejas com meu querido amigo Paulo Herculano, que chorava quando ouvia Guiomar Novaes nos discos, e que havia estudado piano em Paris com Nadia Boulanger, que foi professora de Bernstein, Quincy Jones e Stravinsky, que foi discípulo de Rimsky-Korsakov, que foi influenciado por Wagner, que admirava Beethoven, que tocou numa audição quando criança para Mozart, que era amigo de Johann Christian Bach, o filho mais novo de Bach. É como se eu fizesse parte de todos esses momentos.

Mas agora, nesse período em que vivemos, que ainda pode durar algum tempo, o maior esforço não é para se criar o novo, transformar ou reinventar a música, e sim trabalhar para não se perder muito daquilo que se criou e se conquistou. Formar espectadores sedentos por diversificação e curiosos. Chico Buarque ouvia seus ídolos em discos de 78 rotações fabricados trinta anos antes, com uma qualidade ruim, mas uma musicalidade preciosa que às vezes precisava ser escavada em meio aos ruídos. Hoje, se eu ouço um disco de setenta anos atrás, quase nada mudou e dependendo do gênero, poderia ter sido gravado ontem. A quantidade de coisas interessantes que a música produziu nesses anos através de seus artistas não cabe mais, assim como a literatura, em uma vida apenas para serem apreciadas. Mas agora estão mais disponíveis do que nunca estiveram. Para todos nós. Reencontrar o papel da arte na vida é urgente. Arte com engajamento sim, com seu poder transformador e de comunicação e conexão entre pessoas, povos e gerações, que avança junto com a civilização como uma leitura de cada tempo e principalmente do momento que estamos vivendo agora.

O tempo está dentro da música, andam juntos e têm os mesmos mistérios.

Num dia qualquer de 2019 minha irmã desce de São Paulo com uma encomenda para mim, de um grande amigo. Nem imaginei o que seria e de quem seria. Na foto mandada pelo celular, consegui identificar algo bem familiar: o inesquecível design daquele cornetão separado em duas partes, com uma boca grande de um lado e uma pequena do outro sem nenhum botão, válvula ou alavanca. Eu vagamente começo a lembrar. O Heraldo, que tinha comprado e que há muito não via, numa arrumação qualquer de sua casa, resolveu me devolver o meu primeiro trombone "Vivaldo", que ficou com ele durante esses quarenta anos e eu nem lembrava mais.

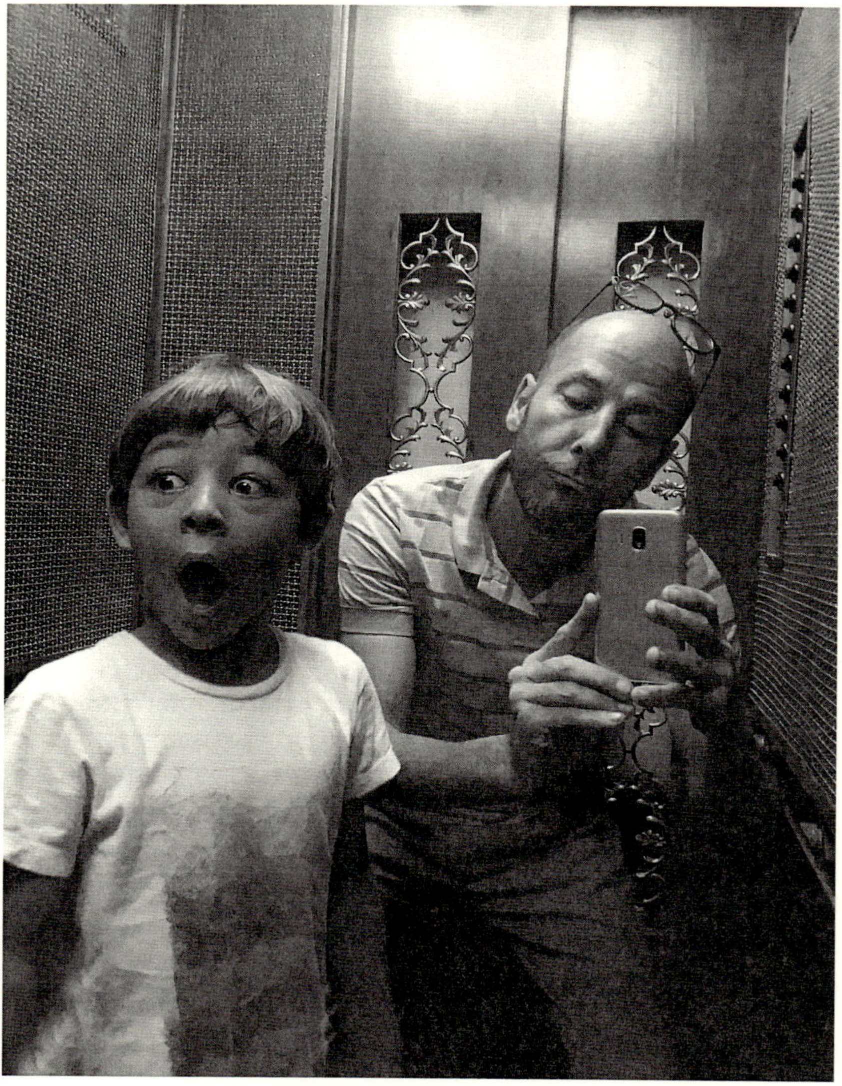

.....ao Matias....

Conheci Matias Capovilla no Blen Blen Club, na rua Cardeal Arcoverde, quando fui me apresentar com meu trio Américos Latinos. Ele era reverenciado por todos, um músico genial, raro mesmo! Um ser humano transparente que tudo compartilhava sem cobrar royalties. Fazia os arranjos para a Orquestra Heartbreakers com frequência, e suas ideias musicais eram absolutamente originais, soavam maravilhosamente bem, coloridas, quentes e inovadoras, o público dançava na pista e as coreografias naturalmente nasciam, divertidas e leves. Ele regia as entradas do naipe de metais com precisão, muito embora fosse superinformal e descontraído!

Querido por todos! Ele era fora da curva musicalmente falando e humanamente falando, fraterno, íntegro, alegre, inspirador.

Trabalhar com ele no filme Nervos de Aço em 2010 foi uma benção daquelas divertidas e produtivas. Ele era *workaholic* e talvez o que tenha nos aproximado seja o fato de que ambos sabíamos que a única vitória que existe é a vitória sobre si mesmo.

Salve Matias Capovilla !!!

Antônio Luiz Barker

ॐ

Uma noite no Café Brasi,l onde eu cantava, me foi apresentado pelo guitarrista Jymmi; me apaixonei no ato pelo gênio que era apenas um menino; uns dois anos depois participamos da mesma banda (Sossega Leão), e nunca mais me separei dele, cada dia mais fascinado por sua genialidade, tocamos juntos em outras quatro bandas: Guga S. e H.B., Salsa Paty, Havana Brasil e durante o Sossega fizemos uma banda de vida curta Preta Porte, o nome é francês não sei se está certo; agradeço a Deus por tê-lo conhecido, tocado no Brasil e em parte do mundo com ele; amor eterno.

Hamilton Moreno

⁂

Meu amigo Matias
Conheci o Matias no Equipe.
Eu estava no segundo ano do colégio, e ele, na oitava.

Eu, o Tuta e o Afonso tínhamos feito um documentário sobre a feira medieval, que todo mundo gostou.

A professora de artes do ginásio gostou do filme também.

Sugeriu que fizéssemos um curso de cinema para a oitava.

Depois que aceitei, logo depois percebi que tinha feito cagada.

Ninguém da oitava vai aceitar qualquer autoridade dos caras do segundo, vão fuder a gente.

Desesperado e muito arrependido, no primeiro dia de aula, falei: "todo mundo aqui passou com 'A' e não teve nenhuma falta, então quem não desejar, pode sair e ir fumar maconha na quadra", 2/3 da classe levantou e saiu, ficou 1/3, fizemos um "stop motion" muito bom no final do curso.

Tinha um carinha muito ativo e interessado, um pouco hiperativo.

Era meu "aluno" preferido. Gostei muito de fazer aquele filme com ele. Ganhei um amigo.

No Equipe a coisa funcionava meio assim: se você jogasse futebol ou tocasse um instrumento, tinha muito mais chance de iniciar finalmente a sua tão esperada vida sexual.

Tinha zero chance de jogar futebol, por falta absoluta de habilidade, por exclusão sobrou a música.

Escolhi o violino.

Tinha aulas e estudava 4 horas por dia.

Estudava em casa, tinha 2 grandes críticos, minha cadela (que me amava) uivava durante meu estudo e minha mãe que pedia para eu parar com aquilo.

Meu professor chamava-se Oswaldo Nicodemo.

Ele era meu maior incentivador, quando eu fraquejava e dizia que não tinha o menor talento, ele respondia "os melhores violinistas são aqueles que não têm talento, porque estudam mais".

Fiquei um tempo nesse paradoxo, entre os conselhos da minha mãe, o uivo da minha cadela e os incentivos do Nicodemo.

Aí o meu amigo Matias mudou o horário da aula para antes da minha.

Eu chegava antes e ouvia ele tocando e evoluindo no violino.

Parei os estudos e a aula. Resolvi fotografar.

Seguimos a vida, ele como músico, eu como fotógrafo.

Seguimos amigos.

Fiz muitas fotos dele e fui a muitos shows.

Dimitri Lee

※

Matias era único. Criativo natural, sem firulas. Criava porque era curioso e não tinha medo de experimentar. Quando nos encontrávamos falávamos sem parar das possibilidades, dos projetos que ele tinha... Desde que nos conhecemos no Colégio Equipe colaboramos, conversamos e fizemos música juntos até eu sair do Brasil em 96. Dono de uma musicalidade de gênio sem exagero, ele sempre me dizia como não sabia muita teoria, mas ele ouvia tudo e foi um dos músicos mais brilhantes com quem já tive o prazer de colaborar. Intuitivo, espontâneo e sempre se esquivando de elogios, Matias era humilde porque sabia que quanto mais a gente sabe mais sabe que ainda tem muito a aprender. Sou grato e orgulhoso por ter conhecido, composto, tocado, rido, trabalhado e aprendido tanto com meu grande amigo Matias.

Mario Caribé

※

Eu tive o prazer nesta vida de ser amigo do Matias e o privilégio de viver com ele outro Matias, o Matias diurno, como um amigo da infância que passava o dia inteiro arquitetando planos mirabolantes, amigo da rua, do andar de cima, e que possui as mesmas afinidades. Nós nos divertimos como duas crianças, comprando "kits" para montar aeromodelos, carrinhos de rádio controle, telescópios para tirar fotos de eclipse lunar, material para montar suas maquetes, cenários ou mantas de proteção de elevador para fazer isolamento acústico do seu estúdio, era diversão pura numa vida dura!

Nesta amizade, era inevitável convívio musical diário. Fizemos várias trilhas sonoras com um requinte e beleza, graças a suas composições e arranjos. O Matias me ensinou a importância dos arranjos musicais e com isso eu aprendi a gostar de Stravinsky, Debussy, Bela Bartók, Claus Ogerman, Gil Evans, Bill Evans e por aí vai.

O Matias para mim é infinitamente mais que um músico, ele é cinematográfico, ele é tecnicolor! Esta beleza visual e fácil de reconhecer na sua matéria-prima que é a Música!

Fernando Rozzo

༺❦༻

Conheci o Matias em 1980, quando entrei no colégio Equipe na rua Martiniano de Carvalho na Bela Vista. Minha ida para esse colégio fazia parte de uma busca para o entendimento da realidade em que eu vivia. Vinha de uma escola pública que retratava um mundo, por assim dizer, bastante homogêneo e passivo. Quando caí nesse lugar, o Equipe, tive a sensação de ser envolvido por um toque mágico, a diversidade das pessoas que ali habitavam, entre alunos e professores, exalava talento e ousadia. De repente tudo era possível, e a música imperava naquele ambiente. Éramos muito jovens e foi nessa frequência que nos encontramos. O Matias me chamava a atenção por seu comportamento ativo e generoso, já desempenhava bem no violino e me instigava, junto com o Mário Caribé, que tocava violão e baixo, a entrar nessa viagem. Muito sociável e intuitivo, o Matias era aquele cara que ligava todos os pontos, todas as pessoas importavam pra ele. Transbordando criatividade se aventurava em muitas atividades artísticas como o cinema, a escultura, a fotografia etc., mas a música era sua musa, já era um artista. Rapidamente me identifiquei com sua personalidade sensível, talentosa e inquieta. Não deu outra, eu também queria ser artista, e a música se transformou em um lindo veículo pra saciar nossas inquietudes e desejos. Eu estava ainda longe de ser um profissional, mas testemunhei suas incursões em bandas das mais variadas: música italiana, big band, música da vanguarda paulistana, gafieira no Patropi, etc. E arranjos, e trilhas para teatro, pra cinema. Não era um especialista, tinha suas preferências, mas pro Matias música era música, sem fronteiras. Me impressionava sua sensibilidade para ver e acolher as pessoas. Baixando o tom da conversa, fazendo "aquele" olhar que seduz para o bem. Sempre com muita criatividade e dinâmica, conectando às pessoas, à música e ao sentido da vida. Renovando as ideias, trazendo novos projetos, abrindo os caminhos pela criatividade, pelo amor, com coragem. Muitas são as experiências compartilhadas, não apenas musicais. Aprender, errar, sonhar, realizar, amar e brigar, descobrir. Tudo se traduz em viver, em experimentar a vida plenamente. Grande companheiro de armas na luta pelas causas nobres, não abria mão de seus princípios. Vida intensa em um ato, sem pausas e multifacetada, sua energia e afeto penetrando em muitos universos através de seu comportamento acolhedor e de sua arte consciente e transformadora. Desejando mudar o mundo, colaborou muito pra isso.

Sergio Lira

Quando conheci o Matias, eu havia entrado na banda Heartbreakers.

Nesta época, Matias havia acabado de usar toda a grana do seguro do carro para comprar um novo computador, placa de som e microfones.

Ou seja, ficou a pé.

Em outros momentos da nossa história também foi assim. Ele sempre investindo dinheiro (que nunca teve) em algum novo projeto musical.

Sempre era o mais entusiasta.

Trabalhar com ele era muito bom.

Apaixonante mesmo.

Foi sem dúvida um dos melhores ouvidos que conheci e consequentemente um músico da mais alta capacidade.

Esperto, alegre, carinhoso e inteligente.

E como se não bastasse, um querido amigo.

Tá fazendo uma falta danada.

Zé Alexandre Carvalho

ཙྭ

Matias foi me surpreendendo aos poucos, fui me deixando perceber sua capacidade de fazer coisas, devagar. Prefiro assim, em geral são pessoas sábias e discretamente desinteressadas e têm muito a nos dizer. Ele tinha interesse em tudo. Dos pequenos sinais de vida, da natureza, às maiores maravilhas da arte, engenharia e ciência. Escolheu a cozinha em vez da lavanderia ou faxina quando dividiram em família as tarefas domésticas. "É mais criativo, né, Xico?". Ele me chama de tutor neste livro, mas ele sempre foi o inspirado, o inventor. Eu fui seu braço direito por curto período, mas me agradeceu eternamente por isso. Eu escrevia partituras e entendia de harmonia, fiz alguns arranjos, abri vozes e rearmonizei temas. Dele transcrevia, apenas, suas genialidades, e elocubrações. Devia ter ficado mais perto dele, para invertermos os papéis, devidamente, e virar seu tutorado. Ele até insistiu! Quando ficou totalmente livre das minhas habilidades com o pentagrama e as cifras, fez enorme esforço para eu me informatizar musicalmente, e quem sabe voltar a fazer arranjos como fiz no início de nossas bandas, e até quem sabe, compor. Nunca consegui. Inconscientemente me recusava. Virei seu fã, mas não perdi a amizade, muito pelo contrário, ela cresceu. Criamos interesses em comum por tudo além da música, que era lastro, fundamental, mas nos divertíamos na superfície, da terra, essência.

Quando descemos do avião em Havana, beijamos juntos o chão cubano. Beijamos a criação. Ele foi um excepcional criador.

Chico Guedes

Agradecimentos

Abigail Tatit Barossi
Acácio Piedade
Adraiana Mattoso
Adriana Campos
Adriana Capovilla
Adriana Carvalho Nascimento
Adriana Ferla
Adriano Fagundes Oliveira Lima
Alan Dubner
Alberto Morgado
Alexandre N G Ferreira
Aline Silvia Meyer
Ana Adams
Anai Rosa
André Juarez
Andre Jungmann Pinto
André Luiz Dias de Carvalho
Andrea Marquee
Angela M Carvalho
Anna Luiza
Antonio de Carvalho Nogueira Neto
Antonio Luiz Barker
Arrigo Barnabe
Arthur Gruber
Atílio Marsiglia
Beatriz Bracher
Beatriz Di Giorgi
Benedito Claudio de Aquino
Benjamim R Taubkin
Bernard Costilhes
Bjoern Jakob
Camilo Carrara
Cardia Filho
Carlos Liuchy
Carlos Roberto Marinho
Carminha Chaves
Cesar Giserman
Cesar Piovani
Ciça Teivelis Meirelles
Cintia Tin Carvalho
Claudia Bispo
Claudia Graziela
Claudia Grechi Steiner
Claudio Mello Wagner
Codo Meletti

Cristiana Alves Pereira
Cristina Ribeiro Lopes de Araujo
Dacio Rodrigues
Daniel Leicand
Daniel Oliva Augusto
Daniela Momozaki
Danilo Medeji
Derek Hamburger
Diego Modesto
Dimitri Lee
Dino Barioni
Editora Laranja Original
Eduardo Mussi Duparah
Eduardo Tadeu Figueiredo
Egle Paschoalino
Elaine Frere
Elias Akl Jr
Elisabeth Mendes de Carvalho e Silva
Eugenia Tanaka Pereira
Eugenio Fernandes
Ferenc Kiss
Fernanda Cristina Scalvi
Fernanda Ribas
Fernando Marconi
Filipe Eduardo Moreau
Flitoral Costa Verde
Francisco de Andrea Vianna
Francisco M Guedes
Gabriela Dutra Gibrail
George Freire
George Patiño
Gilberto Alves Favery
Gilberto Galvão
Gláucia de Britto Alvares Affonso
Guilherme Moraes
Gunter Neuhaus
Gustavo Cerqueira Stroeter
Helio Antonio Menezes
Heloisa Guerra Finotti
Heraldo Galan Reze
Holanda Cavalcanti
Iara Biderman
Irineu Panachão Júnior
Isa Ferraz
Isabel Aparecida dos Santos Mayer
Isabel Christina Veríssimo de Mello
Isis Palma
Italo Peron Andrade
Itiberê C Custódio
Izabel Costa Cermelli

Izabel Kafejian Cardoso Franco
Jacqueline Moura Mota
Jalusa Barcellos
Janaína Gama
Jean Arnoult
Jefferson Núbile
Jether Garotti Junior
João Augusto de Andrade Neto
Jorge Grinspum
José Alexandre Carvalho
Jose Manuel Oliveira Piriz
Julien Foirier
Julio Cesar Fernandes Neves
Laís Elenira Peixoto Lira
Lais Guaraldo
Laura Davis Mattar
Leo Campos
Leonardo Menezes Xavier
Lia Capovilla
Lianna Mateus Guimarães
Lu Lopes
Luanna Jimenes
Lucia Junqueira de Azevedo
Lucia Salles França Pinto
Luciana Azzi Teixeira de Camargo
Luciana Godoy
Luiz Delfino de Andrade
Luiz Eduardo Vicentin
Luiz Macedo
Lygia Ferreira Rocco
M Laurinda R Sousa
Mara Gama
Marcelo Boim
Marcelo Girardi Calderazzo
Marcelo Munhoz
Márcia Fukelmann
Márcia Leal
Marcia M Vinci de Moraes
Marcia Nascimento
Marcio Donato Périgo
Marco Aurélio Gonçalves
Marcos da Silva de Paiva
Marcos Tessari
Maria Cristina Vignoli Rodrigues de Moraes
Maria da Graça Berman
Maria de Lourdes Rocha Nunes
Maria do Carmo Azevedo
Maria Isabel Fabrini de Almeida

Maria Tarcila S Paulino Raeder
Maria Teresa de Almeida
Marianna Helena
Marilia Alvim
Marília Landi
Marilia Librandi Rocha
Marília Von Boecker
Mario Caribé da Rocha
Marta Assumpção de Andrada e Silva
Maverick Filmes
Mayra Capovilla
Miguel Ángel Fresno Martínez
Miguel Ângelo
Mira Wajntal
Miriam Biderman
Monica Vilaca
Muri Costa
Nelson Schapochnik
Nena Gama
Nilton Girman
Nina Silva
Noa de Rossi Stroeter
Octavio Sobral
Patricia Blanchard
Patricia Curti
Patricia Dutra Gibrail
Patrícia Galvão
Patricia Gasppar
Paula Cosenza
Paula Tubelis
Paula Valeria Andrade
Paulina Alves
Paulo Braz
Paulo Fernando Borges
Paulo Luciano Silva
Paulo Pascali Junior
Paulo Rapoport Popó
Pedro Lopes da Silva Macedo
Pedro Sardinha
Pedro Scotti
Priscilla Azevedo Campos
Reinaldo Elias
Renata Gentile
Renata Wehba
Renato Consorte
Reverta Macedo
Roberta Lopo Bezerra
Roberto Gastaldi
Roberto Muylaert
Ronaldo Mendonça
Rosana Fonseca
Sandra Pareschi

Selene Cunha
Sergio Lyra
Sergio Szpigel
Silmara Nunes D'angelo
Silvana Pareschi
Silvia Pareschi
Silvia Pie de Lima
Silvio Bock
Simone André
Sonia Pareschi
Stella Vivona
Swami Antunes de Campos Jr.
Tania Kiehl Lucci
Telmo C de Carvalho e Silva
Teresa Yazbek Pereira
Thatiana Duarte do Monte Lima Lourival
Thejeromesax
Tymur Mirza Klink
Valderez Frota
Vanessa Plavnik
Vergínia Rosangela dos Santos
Visualphone Scm Ltda.
Vitor Alcantara
Walmir de Almeida Gil
Walter Nieves Filho
Wildes Rocha Nunes
Wilza Maria Rocha Nunes
Yara Cunha Costa.